闽南收藏名家

阚振堂题

《闽南收藏名家》编委会　编

西泠印社 出版社

序

闽南，八闽之南，既是地理和行政区划的概念，主要指代厦门、泉州、漳州三市；又是文脉和文化类型的概念，闽南方言是全国"八大方言"之一。闽南地处东南一隅，背山而立，向海而生，既有农林耕种传统，又有渔盐商贸之利，农林与海洋、耕读与商贸、东方与西方、传统与现代，汇聚交融，兼容并蓄，多元一体，孕育了独具特色的闽南地域人文景观。自唐代以降，泉州、漳州、厦门先后彰显为全国性海洋贸易大港，探寻海洋、经略海洋的风雨兼程、喜怒哀乐，缔造了闽南人劈波斩浪、勇毅前行的开拓精神，养成了闽南人海纳百川、有容乃大的博大胸怀，积淀了丰富多彩、精华荟萃的文化遗产。福建有5处世界遗产，名列中国第二，除武夷山系世界文化和自然双遗产、泰宁丹霞是世界自然遗产外，福建土楼、厦门鼓浪屿、泉州等3处世界文化遗产皆在闽南。福建现有国家历史文化名城4座，泉州、漳州榜上有名，厦门正在积极申报之中。福建的5条中国历史文化名街，厦门、漳州、泉州各占一条。

犹如泉州之刺桐花、漳州之水仙花与厦门的三角梅，花开烂漫、花香四溢，泉州、漳州和厦门似乎都有非同一般的花样年华、花晨月夕。

"海外青山山外海，凭高纵目气增豪。"风光旖旎的厦门在清代诗人黄日纪笔下胜景如斯。"万派争流一岛横，衣冠自昔有贤声。"清乾隆年间，薛起凤主编的《鹭江志》开篇诗句则点染了鹭岛的人文气息。大美厦门的文化遗产出类拔萃，闻名于世，如若厦门大学和集美学村的嘉庚建筑群、胡里山的大炮、鼓浪屿的钢琴。2017年7月，"厦门鼓浪屿：历史国际社区"成功列入"世界遗产名录"。

"此地古称佛国，满街都是圣人。"无疑是先贤对泉州这座中国历史文化名城丰厚人文资源的最好评价。宋代泉州知事王十朋书写并悬挂在州衙门前的对联"八闽名胜无双地，四海人文第一邦"，经风沐雨，清晰传颂泉州的千年荣光。彼时的泉州，在海上丝绸之路的汹涌波涛中迅速崛起，跻身于与亚历山大港齐名的世界大港，一度为"东方第一大港"。2021年7月，"泉州：宋元中国的世界海洋商贸中心"成功列入"世界遗产名录"。

素有"海滨邹鲁"美誉的漳州是纵横千年的中国历史文化名城，唐代开漳圣王陈元光治理有方，百业兴旺，开科选才，卓有成效，一派"花卉三冬绿，嘉禾二度新"的繁荣景象。宋绍熙元年（1190），一代大儒朱熹出任漳州知州，倡导教育，兴办书院，漳州一时"士好学成风"。

古往今来，闽南文风鼎盛、人才辈出、群星璀璨。闽南人民重农耕厚海洋，但不轻读书入仕，更有着悠久的商贸传统和强烈的重商理念，至古到今，从中而外，尤其是在海上丝路对外贸易中占尽地理之优，得风光之先，泉州被称为"宋元中国的世界海洋商贸中心"便是实证。改革开放以来，闽南再度乘风而上，扬帆起航，被誉为"闽南金三角"的厦漳泉经济腾飞，GDP总量占据福建半壁江山，彰显为中国经济发达地区。

如此浅尝辄止地聊说闽南的历史、文化和社会经济，不仅在于说明闽南必然留存丰富的文化遗产，更是为闽南的文物、古玩资源渊薮注脚，亦为闽南的藏家、藏品的独树一帜勾勒背景与轮廓。古董、古玩不能等同于文物，收藏也不局限于古董、古玩，还有当代艺术品、邮票、烟标、家具、烟、酒、茶，等等，可以说是林林总总，包罗万象，各有所好，各藏所珍。所谓盛世收藏，厦、漳、泉三市同根同源，语言相通、习俗相近，经济相融、商贸相接，特别是改革开放的春潮涌动，为闽南收藏界积淀了坚实的经济基础，形成了一支庞大的闽南民间收藏队伍，不乏大名鼎鼎的收藏家。闽南民间收藏家们不仅乐于并精于各自兴趣领域的收藏赏玩，而且以器载道、以文化人，积极通过收藏、鉴赏向社会宣传闽南特色文化，弘扬中华优秀文化，在全省乃至全国取得了显著成效，得到了社会各界的广泛赞誉。

福建省收藏家协会是壬寅年岁末完成换届选举的，丁建南接替周野担任会长。协会意气风发，再接再厉，立即组织编纂《闽南收藏名家》，至于名家如何界定，自然可能各持标准。《闽南收藏名家》收录的藏家人数众多，藏品门类众多，兼容并蓄，集中展示，体现了收藏家的兴趣爱好和鉴赏素养，有利于促进收藏业界交流互动，引领收藏文化健康发展，助力收藏事业阔步前进，扩大闽南收藏的知名度和影响力。虽是闽南一域部分藏家的个别藏品，介绍的是收藏家们的简要成绩和代表藏品，未能集之大成，甚至可能挂一漏万，却从中可见福建收藏全貌之一斑。

福建省收藏家协会嘱我为《闽南收藏名家》写序，作为文物工作者，出于职业道德操守，我未有涉略文物收藏，鉴赏能力亦薄弱，不敢造次，虽勉为其难，但是作为福建收藏家协会的挂靠单位负责人，应当助力协会的积极作为，我也愿意为收藏家的良好愿望点赞。为力求精益求精，我多次与丁建南会长沟通，建议让组织者、编撰者和收藏家、出版社之间多交流探讨，并延请相关专家学者帮助指导，尽可能做到让书中的藏品去伪存真、去粗取精，同时兼顾百家争鸣、百花齐放。诚然，图书出版后，读者自有评说，或有亮点、有收获，或有不足、有缺漏，或许正是著书立说的喜悦与遗憾。

权以为序。

傅柒生

（研究员、教授，福建省文旅厅副厅长，福建省文物局局长，福建博物院院长，中国博物馆协会副理事长）

2023年1月28日

《闽南收藏名家》编委会

（排名不分先后）

高级顾问：罗伯健　徐　里　王金水　林晓峰　崔志刚　包正彦　石肖岩　彭一万
　　　　　　王水鑫

顾　　问：周　野　朱水涌　丁炯淳　张仲淳　林元平　陈建中　吴其生　陈　耕
　　　　　　涂志伟　李海梅　黄明珍　柯成昆

主　　任：丁建南

副 主 任：林天海　阮银牌　陈连茂　何爱群　王颐疆

编　　委：李昆霈　叶德陆　陈国辉　陈文兵

主　　编：丁建南

副 主 编：李昆霈　叶德陆　柯福晟　柯成昆　许庆友　朱华骏

策　　划：叶德陆

视觉设计：廖周华

摄　　影：蔡　华

封面题字：阎振堂（国家文物局原副局长、中国收藏家协会原会长）

封底篆刻：周　野（中国收藏家协会常务理事、顾问，福建省收藏家协会名誉会长）

人文堪教化

珍寶聚情懷

徐里二〇於北京

徐里

全国政协委员，中国文联全委会委员，中国美术家协会分党组书记、常务副主席、秘书长、艺术委员会主任，中国文联美术中心主任，国家重大题材美术创作委员会主任，全国美展总评委，全国政协书画室副主任，中国国际交流协会副会长，教授、博导

闽南收藏名家

阎振堂题

阎振堂

国家文物局原党组书记、副局长，中国收藏家协会原会长

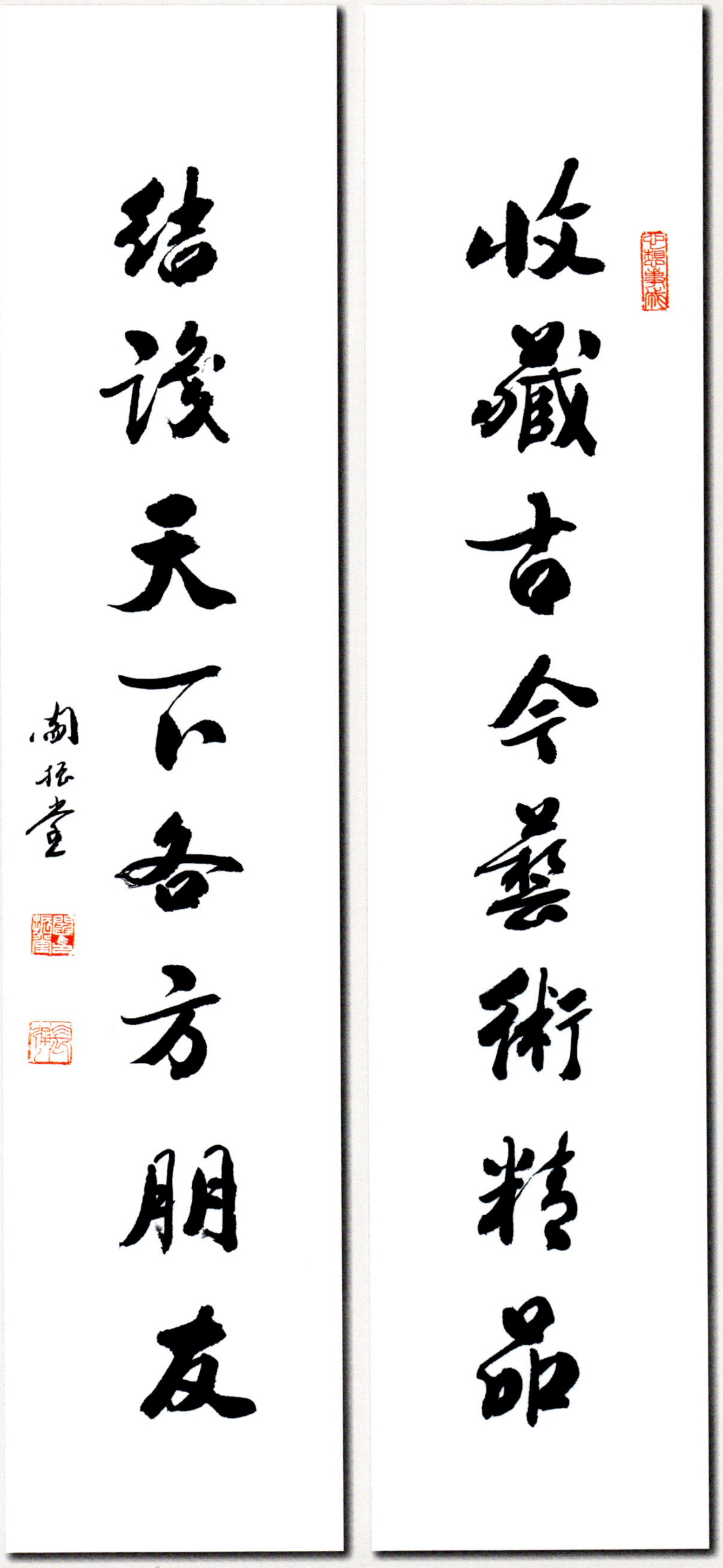

收藏古今藝術精品

結識天下各方朋友

閻振堂

閻振堂

萬點丹青傳盛世
千秋翰墨繪宏圖

時在辛丑之秋日

博陵人崔志剛於北京

崔志剛

中国书画收藏家协会名誉会长

物为物福

静与天游

辛丑秋 西泠包正彦

包正彦

西泠印社社事、浙江省非遗保护协会金石篆刻专委会主任、浙江现代画院画师、刘江艺术研究会会员、杭州西湖美术院院士、叶浅予研究会会员

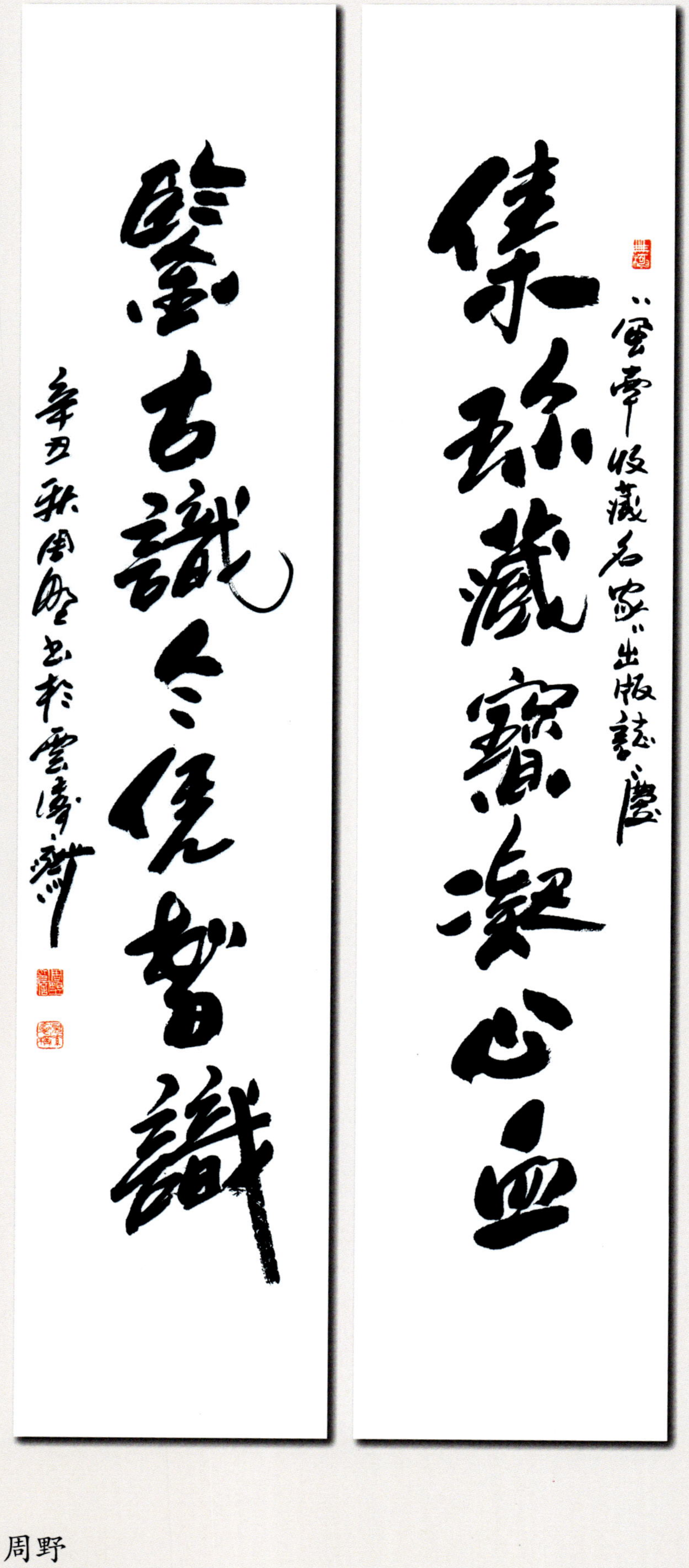

集珍藏寶瀝心血
鑒古識今憑卓識

"寶帶收藏名家"出版誌慶

辛丑秋月周野書於雲濤齋

周野

中国收藏家协会顾问、常务理事，福建省收藏家协会名誉会长

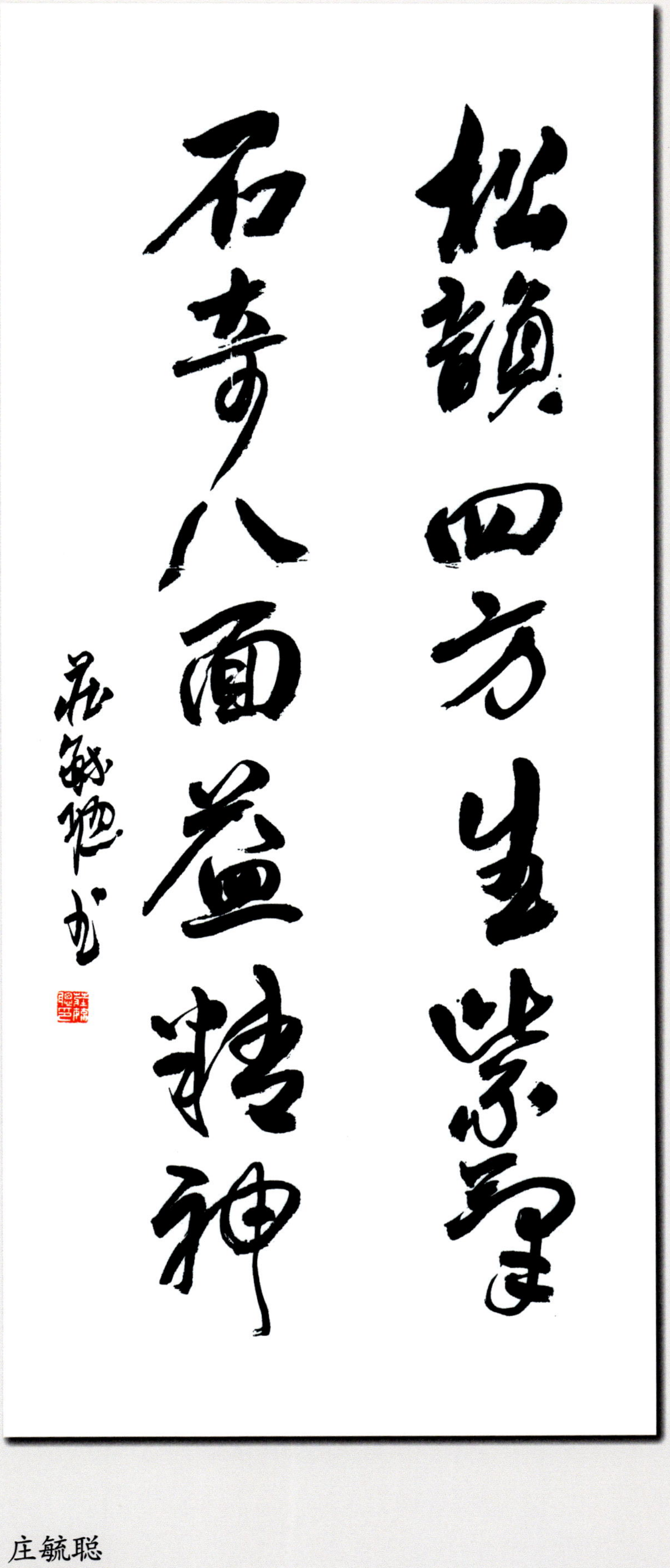

松韻四方生紫翠
石奇八面益精神

庄毓聪 书

庄毓聪

福建省美术家协会副主席、中央文史研究馆书画院研究员、中国
画院副院长、漳州市美术家协会主席

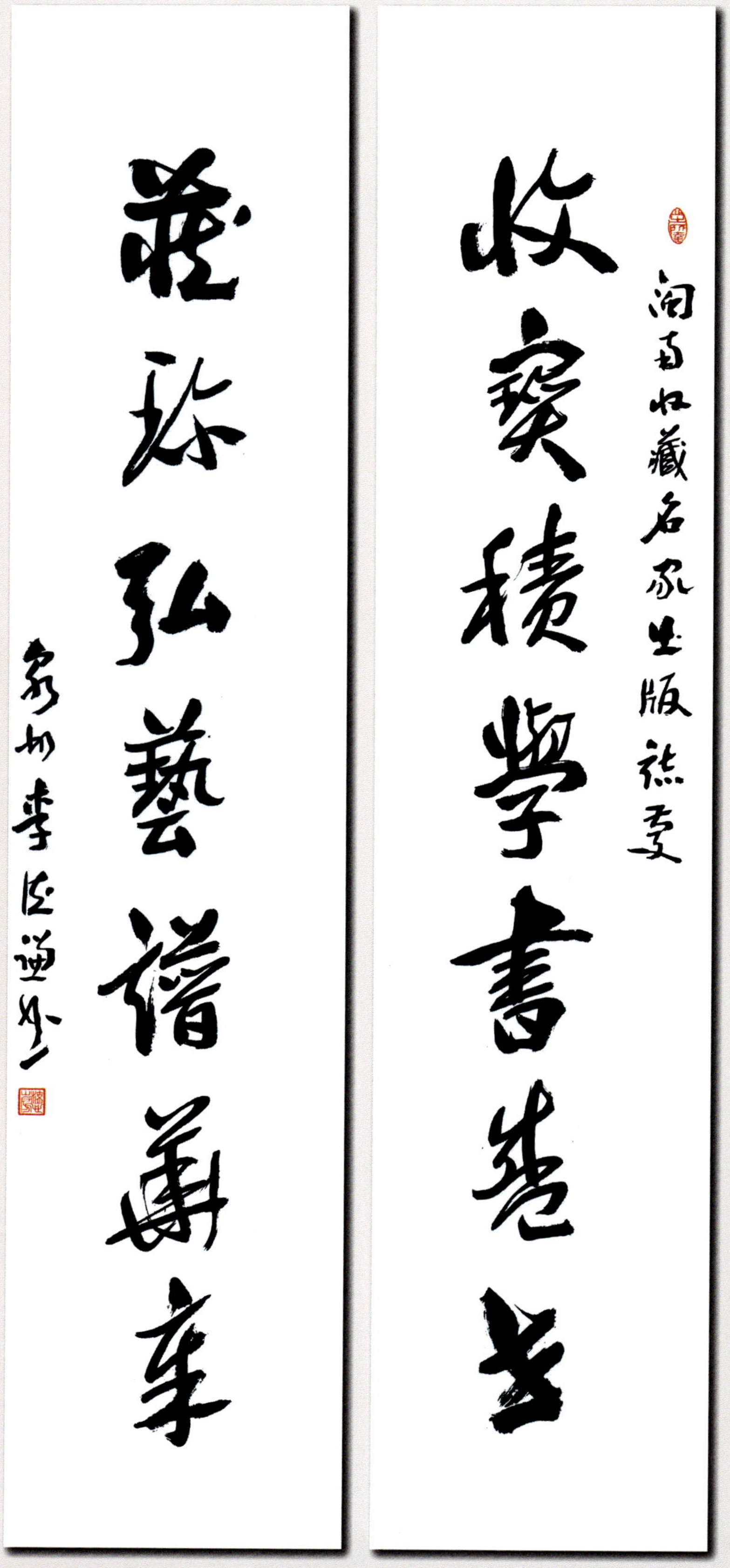

收窾积学书卷长

淘自收藏名家生版孤变

莅弥弘艺谱蕃车

泉州李德谦书

李德谦

中国书法家协会会员、福建省书法家协会常务理事、泉州市书法
家协会主席

陶冶乾坤外

砥砺指掌间

弘闽南收藏名书　元

王元

厦门文联党组成员、驻会副主席，中国书法家协会会员，福建省
书法家协会理事，厦门市书法家协会顾问

目录
CONTENTS

（排名按姓氏笔画为序）

丁建南
DING JIANNAN

丁建南，安徽无为人，出生于福州市，定居厦门市。厦门市收藏协会发起创办人。现任厦门市政协特邀研究员，中国收藏家协会特邀顾问、常务理事，福建省收藏家协会会长，中国钱币学会会员，国家古玩艺术品评估师、鉴定师，福建省钱币学会常务理事。曾任政协厦门市思明区委员会第五、六、七届委员，厦门市收藏协会第一、二、三、四届副会长、常务副会长，福建省古厝文化研究会第一届名誉会长、第二届高级顾问，福建省古玩商会高级顾问。

从事收藏三十多年，丁建南致力于文化挖掘和保护工作，坚持以文化兴收藏、以品德树收藏，有效地推动了福建收藏事业的健康发展，取得了良好的社会效益，得到了收藏界和政府相关部门的高度重视和赞扬。他专题收藏有当代名人字画、翡翠、新疆和田玉、中国纸币、国库券、公债券等。多次在《中国收藏家》《福建收藏》《厦门收藏》《福建日报》《福建钱币》等刊物上发表相关文章，编有《福建收藏》《厦门收藏》《厦门收藏名家》等。曾受到国家、省、市新闻媒体的专题采访和报道。

多次被中国收藏家协会、福建省收藏家协会评为会优秀收藏家、骨干积极分子，并多次被授予福建省收藏家协会杰出贡献奖。是经国家人力资源和社会保障部审核的"具备相应的专业知识与技能的艺术品鉴定师、评估师"，被聘为中国收藏家协会和福建省收藏家协会古玩艺术品鉴定师、评估师，厦门市价格认证中心鉴定评估专家。

民国中央银行加盖福建地名纸币 壹圆　　民国十五年（1926）发行
孙中山头像，正面蓝、背面灰　　尺寸：7.5cm×16.1cm

民国中央银行加盖福建地名纸币 伍圆　　民国十五年发行
孙中山头像，正面橘红、背面绿　　尺寸：7.7cm×16.7cm

民国中央银行加盖福建地名纸币 拾圆　　民国十五年发行
孙中山头像，正面红、背面蓝　　尺寸：7.5cm×16.1cm

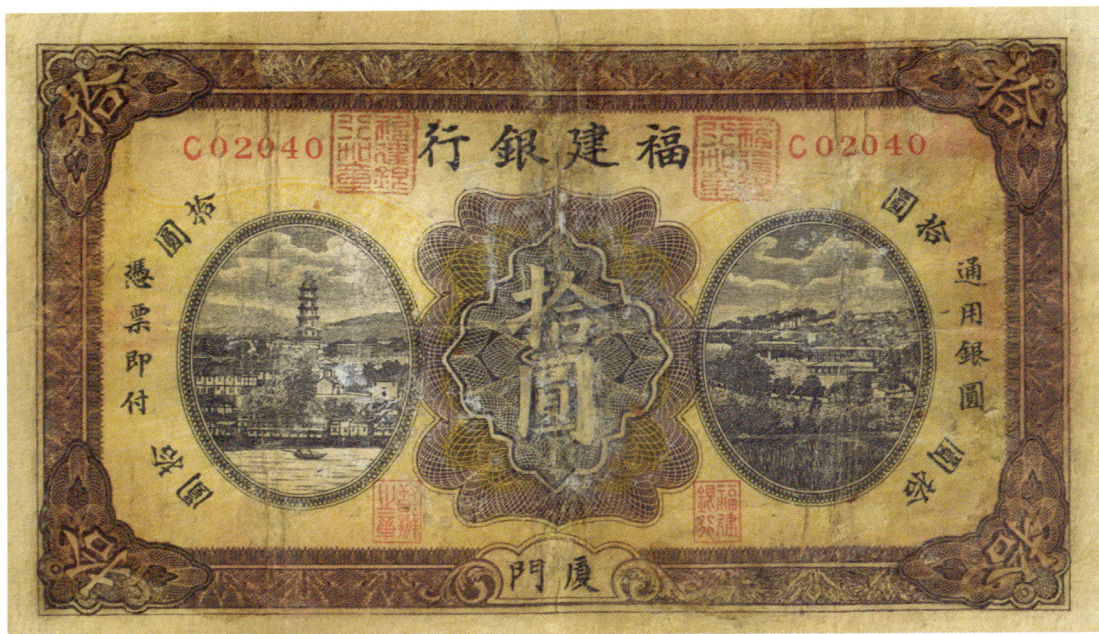

福建银行加盖厦门地名纸币 "塔村版"拾圆　　民国三年（1914）七月发行
尺寸：8.6cm×16.1cm

福建银行加盖厦门地名纸币 "美钞版"拾圆　　民国三年七月发行
尺寸：9.1cm×16.2cm

中南银行加盖厦门地名纸币 拾圆　　民国十三年（1924）发行
尺寸：7.8cm×15.9cm

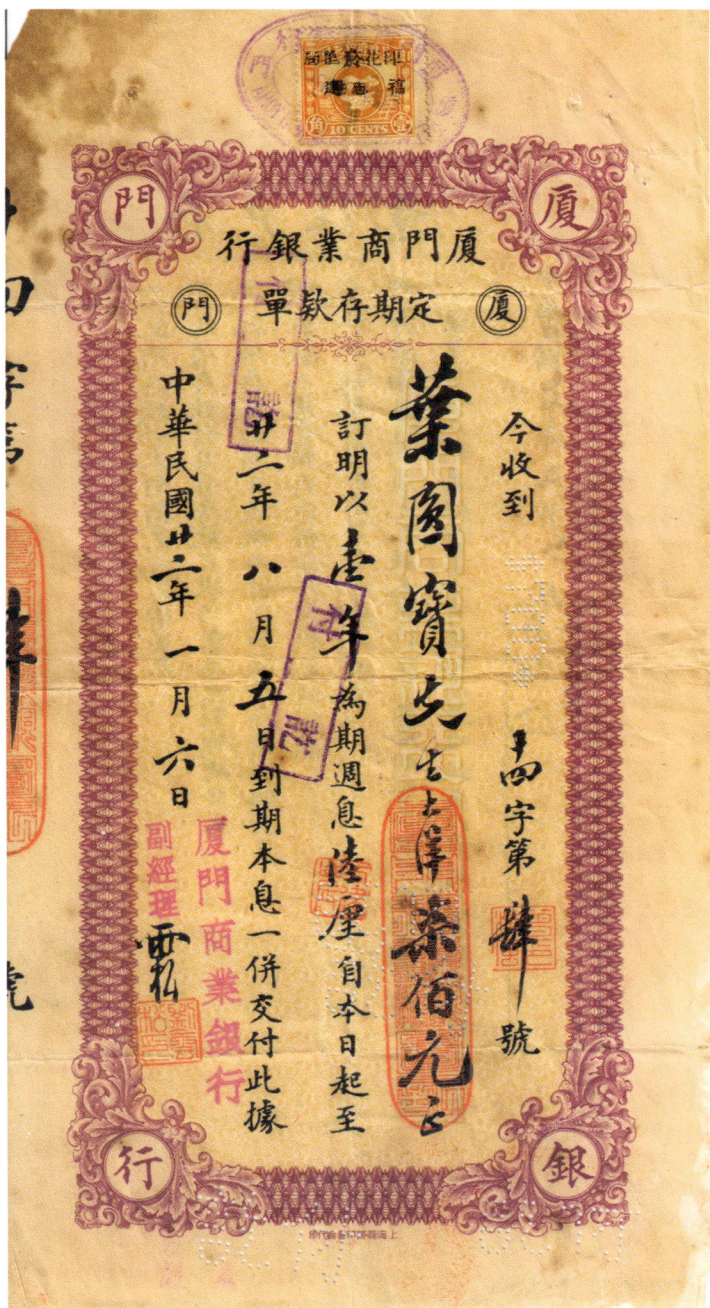

厦门商业银行定期存款单　　民国二十二年（1933）
大洋柒佰元　　尺寸：24.5cm×13.5cm

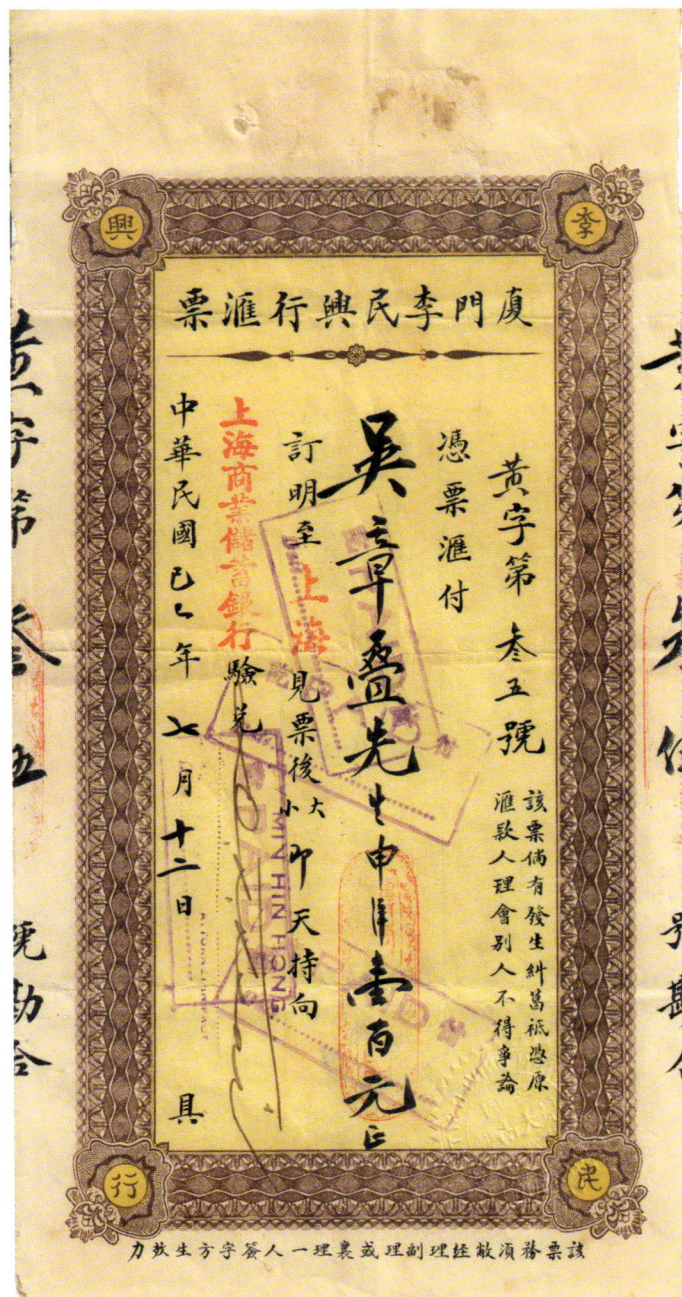

厦门李民兴行汇票　　民国十八年（1929）
大洋一百元　　尺寸：22.6cm×13.5cm

万冬青
WAN DONGQING

　　万冬青，1966年出生，福建泉州人。福建省收藏家协会第四、五届副会长和第六、七届名誉会长，福建省闽南文化研究会理事，泉州学研究所《闽南》杂志编委，泉州赵宋南外宗正司研究会副会长，泉州市李贽学术研究会副会长，泉州市茶文化研究会顾问等。长期致力于闽南文献资料收藏研究，治学态度严谨，有丰富的赋税票据、侨批、老照片、电影海报等纸质藏品。著有《收藏见闻录》，主编《卧人张嘉滨》《赵宋南外宗与泉州》等，参与编辑《泉州古代海外交通史》《〈平闽十八洞〉及其研究》《万正色研究》《李亦园与泉州学》《上下求索》《东亚文化之都·泉州》《回望泉州学》《福建印花税票图史》《李贽与东亚文化》《泉州学与地方学研究》《泉州天后宫志》《邮票上的海上丝绸之路》《邮票上的华侨华人》《〈西山杂志〉辑佚与研究》等。

　　万冬青还是福建省集邮协会理事、泉州市集邮协会常务副会长。任执行主编的《艺林堂集邮丛书》共15辑，多次获得世界集邮展览金奖，成为颇负盛名的国际华文集邮文献。主持10年的"海峡两岸邮学论坛"（2006—2015），其成为两岸集邮界重要的交流平台。他的税票邮集曾获全国集邮展览大银奖，两次荣获"全国集邮先进个人"称号（1992、2002）。

　　先后举办商标艺术藏品展（1988）、老电影海报展（2002）、泉州税收史料展（2005）、"恰同学少年"泉州师范教育老照片展（2013）、"侨批见证海外侨胞的家国情怀"展（2021）、"不忘来时路　睿变新征程"泉州百年党史税史掠影（2021）等个人藏品展；策划组织泉州市首届青年艺术藏品展（1989）、毛泽东像章艺术藏品展（1999）、卧人张嘉滨作品展（2006）、澳门—泉州集邮联展（2008）、"闽台缘里话税缘"税收史料展（2010）、"海丝路·税收情"税收史料展（2017）、"爱祖国　爱收藏"泉州收藏文化展（2019）等展览。

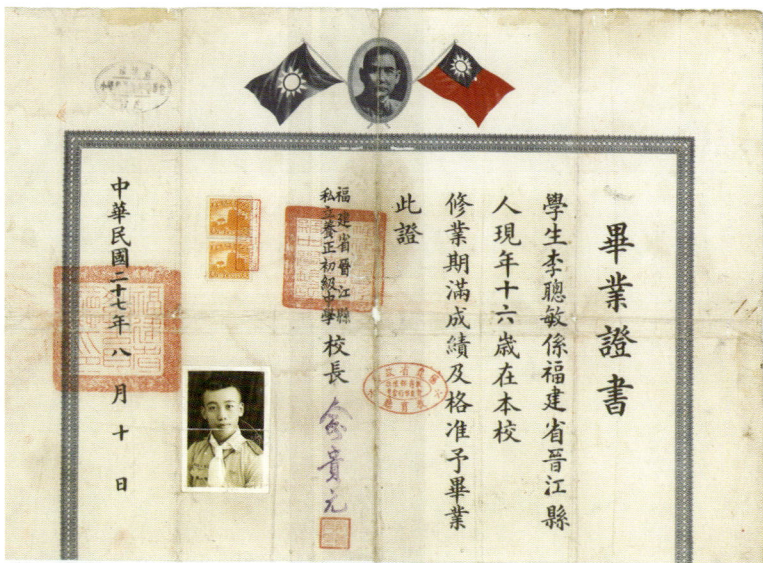

晋江县私立养正初级中学毕业证书（1938年8月10日）

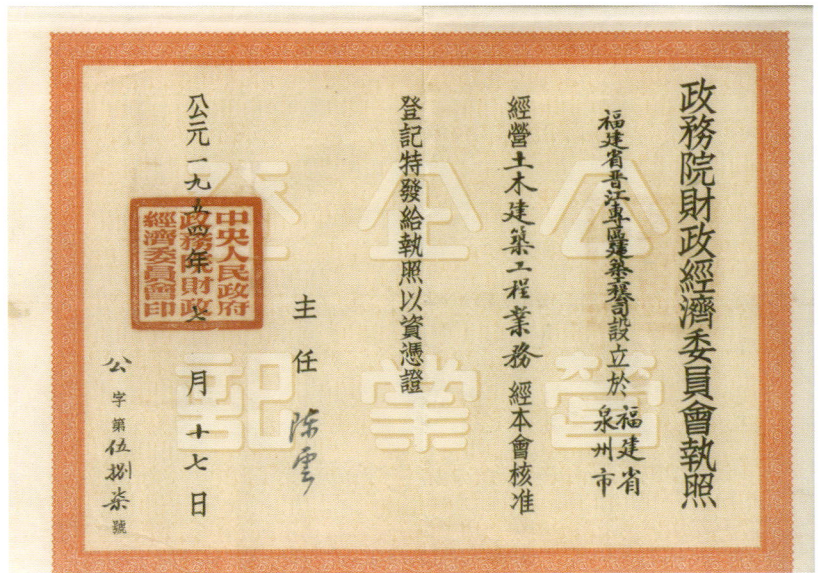

政务院财政经济委员会执照（1954年7月17日）

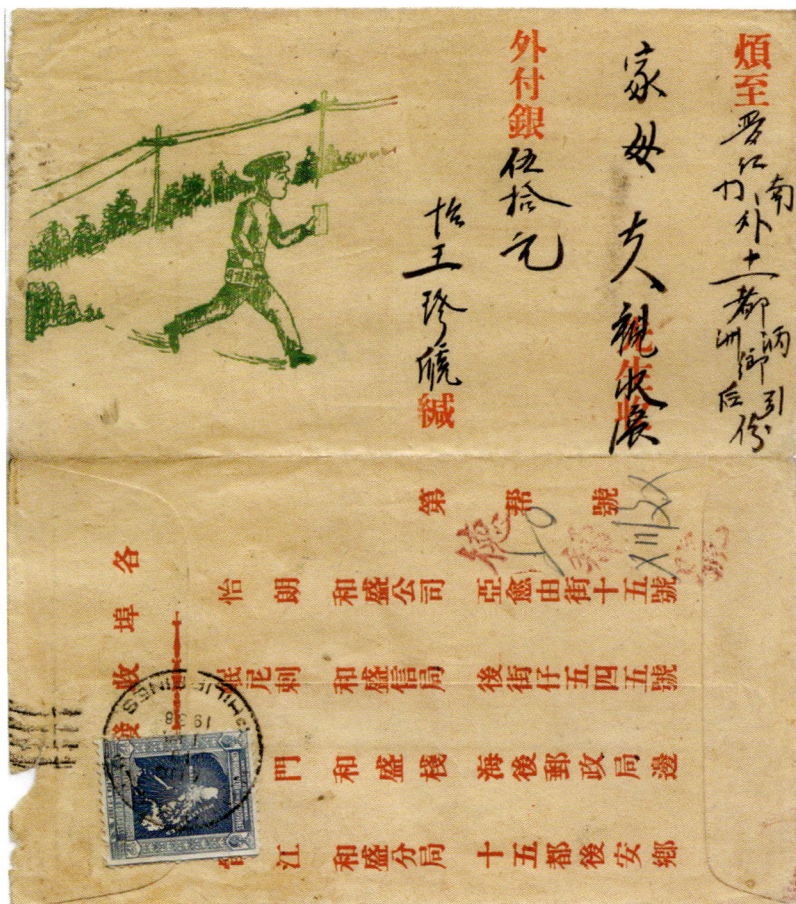

1938年菲律宾寄福建晋江侨批封

1959年邮票，加盖"中华人民共和国成立十周年·福建泉州"纪念戳

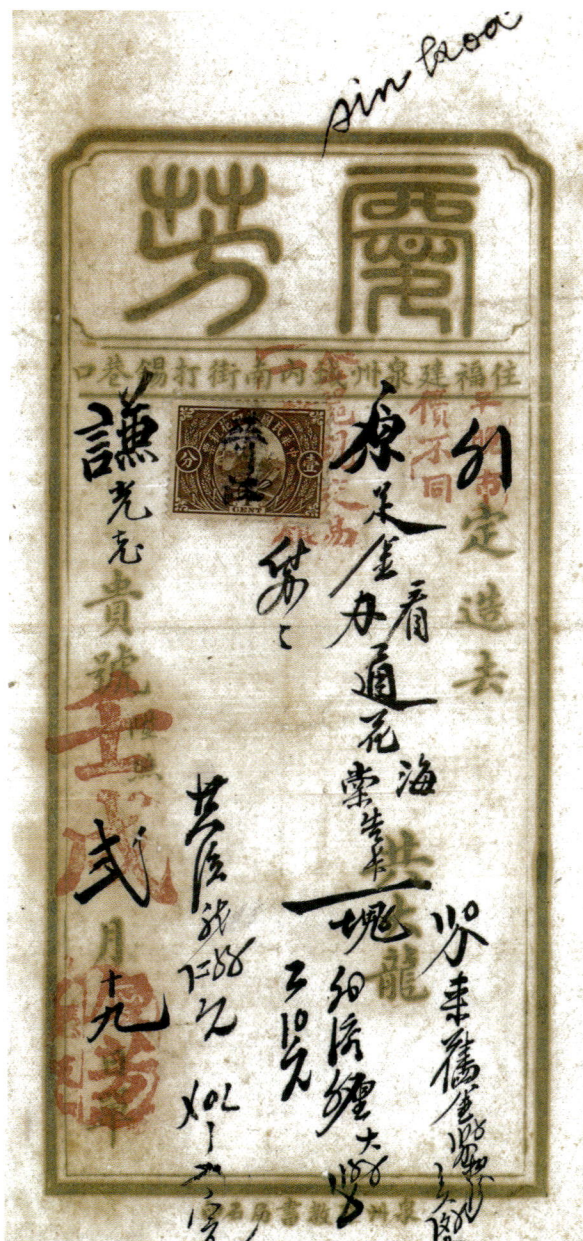

1922年泉州庆芳金店单据，贴长城图、加盖"晋江"壹分印花税票

1951年，永春贸易交易公司庆祝国庆老照片

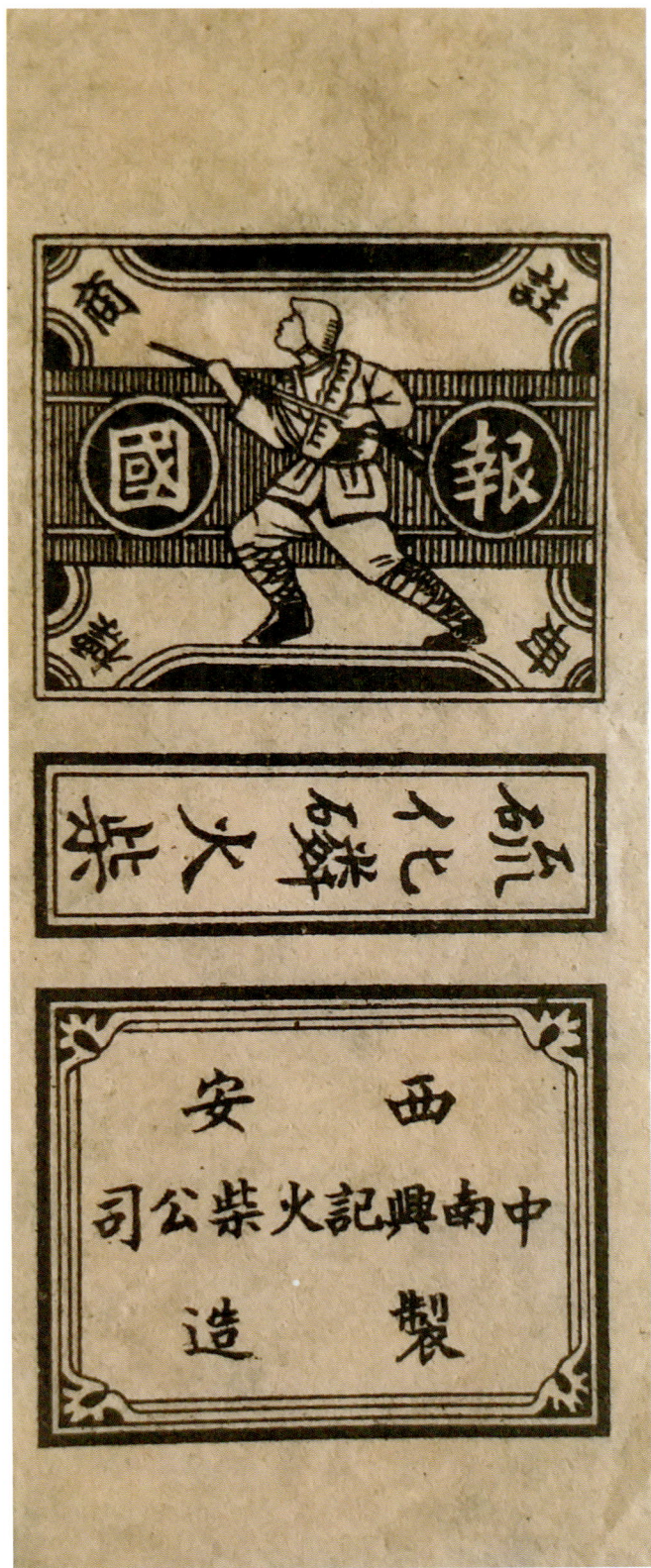

抗战时期西安中南兴记火柴公司的"报国"
火柴包装

王凯
WANG KAI

　　王凯，1970年生于福建建阳，祖籍福建古田。曾任建阳市委宣传部宣传科长，新闻出版办主任。2000年进入经济主战场，任上海福建商会常务理事，上海建阳商会常务副会长；2012年任厦门建阳商会会长；2014年任建窑建盏文化厦门推广中心主任。现任厦门建阳商会党支部书记、福建省建阳区建窑建盏协会副会长。国家陶瓷工艺美术师，一级技师。

　　从事建盏收藏与研究几十年，致力于建盏烧制技艺的传承与推广。

素颜曜变大撇口建盏　　作者：吴立主　　尺寸：口径20cm，高8cm

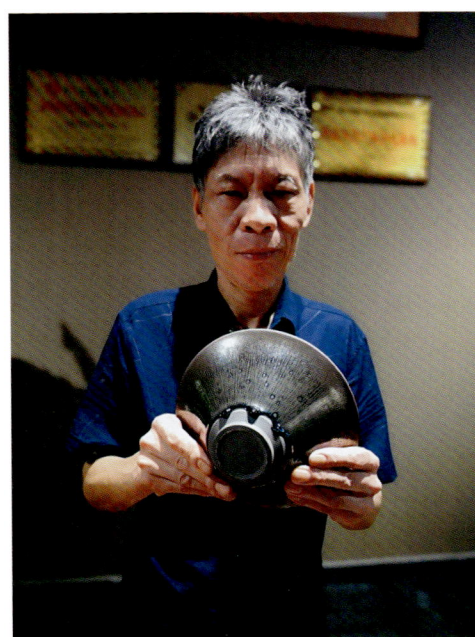

吴立主与素颜曜变王盏
2018年8月烧制
（吴立主，"建窑建盏烧制技艺"代表性传承人）

素颜曜变香炉型建盏　　作者：吴立主　　尺寸：口径12.3cm，高6.3cm

茶沫釉束口建盏　　尺寸：口径12.5cm，高6cm

束口型银毫建盏　　尺寸：口径12.5cm，高6.5cm

香炉型兔毫建盏　　尺寸：口径12.5cm，高6cm

王泽
WANG ZE

　　王泽，福建漳州人。国家一级品酒师。现任南源酒庄（福建）股份有限公司总经理，漳州市国酒茅台（闽南）文化研究会会长，漳州市酒文化协会副会长。

　　王泽自2015年起从事酒类贸易生意，喜爱各类名酒收藏，收集各类中外名酒、酒标、酒类书籍、烟草志、烟盒，总藏品数量超过30000种，尤以贵州茅台酒、钓鱼台酒、郎酒、五粮液，各类名优白兰地、威士忌为多，并于2019年经世界纪录认证机构（WRCA）官方确认创造了"收藏贵州茅台酒品种最多"世界纪录。

各类茅台酒（20世纪80年代）

贵州茅台酒（新中国成立60周年纪念酒）

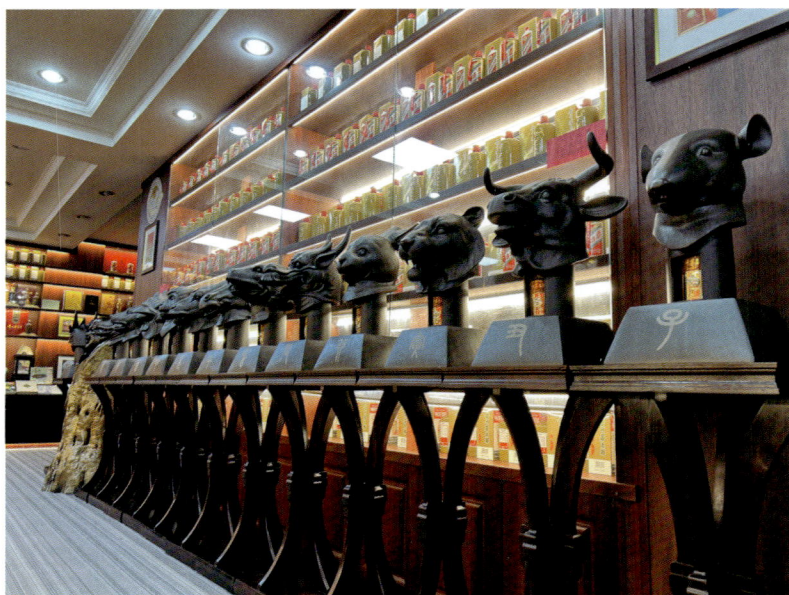

贵州茅台酒（紫砂版十二生肖兽首）

贵州茅台酒珍藏馆

贵州茅台酒珍藏馆

钓鱼台酒珍藏馆（一）

知名洋酒珍藏馆

钓鱼台酒珍藏馆（二）

王小建
WANG XIAOJIAN

　　王小建，1955年出生于福建厦门。现为厦门市盆景雅石研究会会长，中国观赏石协会九龙璧专业委员会副主任。

　　收藏九龙璧石20余年，以石为师、以石为镜，修身养性、体悟人生，拓展对诗、书、画、史等相关知识的学习，不断提升对赏石文化内涵的认识和艺术鉴赏力，积极推动九龙璧雅石的收藏与研究。

白鹭　　石种：九龙璧　　尺寸：16cm×12cm×7cm

我醉欲睡问啥禅　　石种：九龙璧　　尺寸：16cm×22cm×13cm

老夫子　　石种：九龙璧　　尺寸：10cm×19cm×12cm

易　　石种：九龙璧　　尺寸：70cm×58cm×47cm

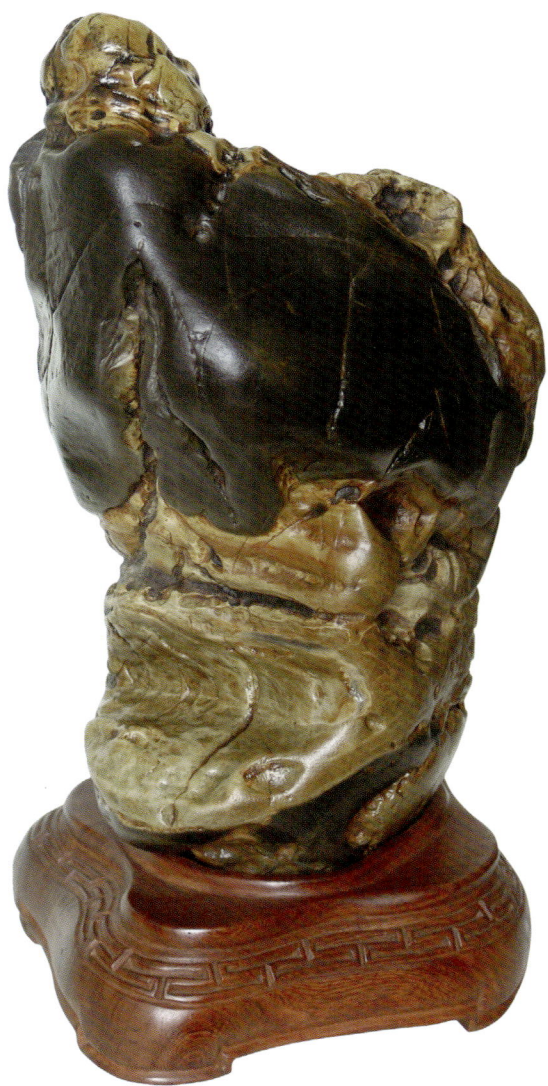

礼　　石种：九龙璧　　尺寸：32cm×16cm×15cm

吴带当风　　石种：九龙璧　　尺寸：26cm×22cm×13cm

王少腾
WANG SHAOTENG

王少腾，生于1971年，福建泉州人。现任中国收藏家协会体育纪念品收藏委员会副主席、红色收藏委员会委员，福建省收藏家协会常务理事兼红色收藏委员会常务副主任，泉州市凡人徽章礼品行总经理。为专业徽章鉴定师，2021年首创国内首家徽章专业评级公司——7788徽章评级。

王少腾从小就有怀旧情结，对历史有着浓厚的兴趣，对一些能体现出某段历史事件的老物品情有独钟。

王少腾还致力于徽章的收藏和研究，创办了"中华徽章馆"，专门展示其徽章藏品并向大众开放。他藏有1965年前的徽章13000余枚，其中很大一部分为国内孤品，更有不少文物级的精品。

民国三十四年（1945）国庆节，中国陆军第三方面军汤恩伯敬赠"抗战胜利纪念章"

新编24师师长张东凯颁"勇于杀敌奖章"

民国二十七年（1938），陆军第27师师长黄樵松颁"射击优胜纪念章"

民国二十五年（1936），委员长宋哲元颁第29军演习"敦品勤学"奖章

1935年元旦，孙连仲赠陆军第30师敬老会"延年益寿"纪念章

陆军39师师长刘世荣赠"为国三次流血纪念"章

陆军第77军军长冯治安赠"七七抗战建国纪念"章

第30军30师师长张华棠赠"忠党爱国牺牲流血"荣誉纪念章

太原绥靖主任阎锡山颁"防空救国"奖章

新编22师师长邱清泉赠"攻克昆仑关一等奖章"

民国二十九年（1940），陆军第5军军长杜聿明赠"昆仑关歼敌纪念章"

新编第5军军长孙魁元赠"为国一次流血纪念"章

税警五团团长邱之纪赠"国术训练班"纪念章

19路军吴典赠"侠骨热肠 淞沪救护纪念"章

薛岳敬奖"精忠救国 小功一次"奖章

19集团军参谋长施北鸿赠"淞沪会战纪念章"

张治中赠"淞沪抗日纪念"章

福建保安司令部司令陈仪赠"卫
国流血光荣"奖章

青年远征军管理处少将处长贾亦斌赠
206师"青年负伤复员荣誉纪念章"

第24集团军军团长庞炳勋赠"为国
流血纪念"奖章、"为国流血二次纪
念"奖章

38军军长赵寿山赠第1、第2、第3、第
4次"负伤将士荣誉证"

陆军第195师师长梁恺赠
"抗日负伤荣誉奖章"

陆军第15师师长汪之斌、副师
长陈为、韩敬赠"铁血光荣"荣
誉奖章

陆军第33师师长贾韫山赠"抗战负
伤将士纪念章"

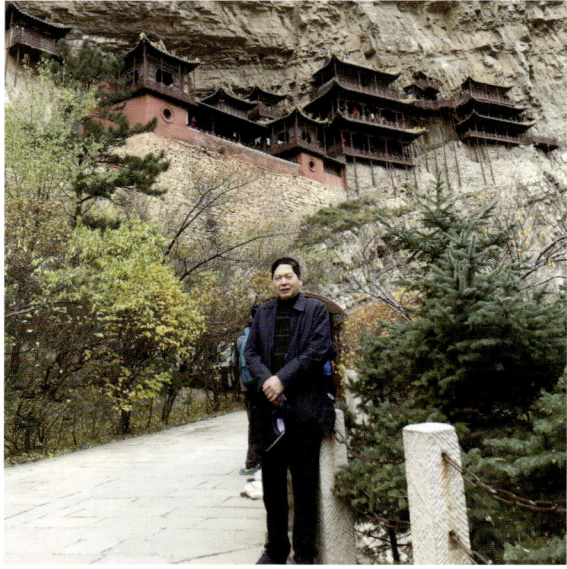

王水鑫
WANG SHUIXIN

王水鑫，1947年出生于浙江上虞，闽南是第二故乡。中共党员，高级工程师。历任绍兴市第六、七届党代会代表，上虞市第十、十二届党代会代表，上虞市第十、十一、十三、十五、十六届人大代表，上虞市第五、七届政协委员，浙江省建筑业协会常务理事，绍兴市建筑业协会常务理事，绍兴市工程质量管理协会常务理事，上虞市民营企业协会常务理事，上虞市建筑业协会常务副会长。现为中国收藏家协会会员，浙江省收藏协会副会长，绍兴市收藏家协会名誉会长，福建省收藏家协会顾问。

主要收藏明清硬木家具、文房杂件、越窑青瓷、建筑构件、石雕、书画等。2011年5月创建浙江中鑫艺术博物馆。2020年12月，博物馆被国家文物局定级为二级博物馆。2021年4月，博物馆被浙江省社科联评为省级社科基地。

架子床　　　材质：黄花梨　　　尺寸：222cm×221.5cm×158cm

文具盒　　　材质：黄花梨

尺寸：26.5cm×40.5cm×22.5cm

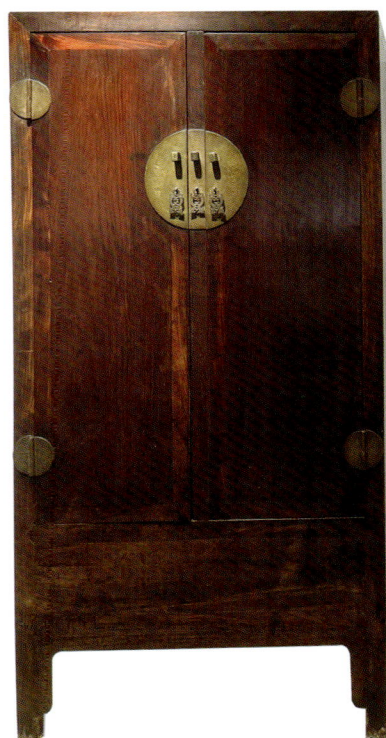

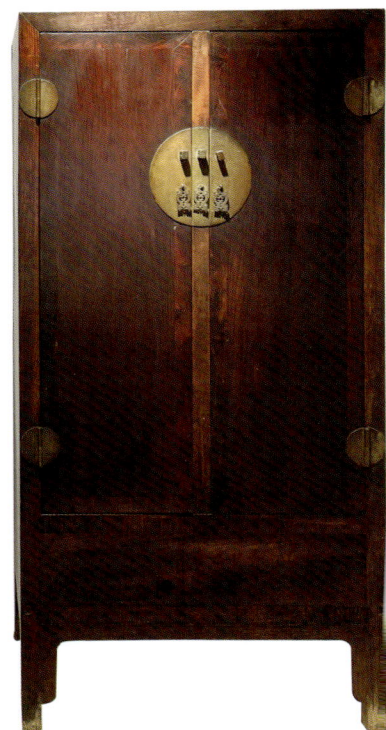

大方角柜一对　　　材质：黄花梨　　　尺寸：195cm×99cm×57cm

独板翘头案　　材质：黄花梨　　尺寸：84cm×212cm×47cm

书房桌　　材质：黄花梨　　尺寸：87.5cm×75.5cm×75.5cm

圆包圆画桌　　材质：黄花梨　　尺寸：84cm×150cm×58cm

紫檀画桌　　材质：紫檀　　尺寸：88cm×129cm×64.5cm

四出头官帽椅一对　　材质：黄花梨　　尺寸：113.5cm×59.5cm×45.5cm

王文祥
WANG WENXIANG

　　王文祥，1978年9月出生，福建漳州人。毕业于厦门商业学校。创办了福建佳品工贸有限公司和漳州市品冠米业有限公司，现任公司董事长。现为福建省粮食协会副会长、福建古厝文化研究会监事、漳州市青年企业家协会副会长、漳州市龙文区工商联执委、漳州市龙文区英才协会副会长、漳州市龙文区人大代表、华磊堂奇石馆负责人。

　　王文祥受父亲——收藏名家王国华先生的熏陶，自幼对闽南九龙璧石（华安玉，中国十大国石候选石）收藏兴趣浓厚，在传承了父亲几十年来对九龙璧奇石的收藏与研究的基础上推陈出新，出版有《龙璧生辉》。

金秋怡景　　石种：九龙璧　　尺寸：56cm×136cm×46cm

人间仙境　　石种：九龙璧　　尺寸：81cm×61cm×48cm

中国韵　　石种：九龙璧　　尺寸：210cm×260cm×90cm

墨山流金　　石种：九龙璧　　尺寸：50cm×30cm×28cm

汉唐壁画　　石种：九龙璧　　尺寸：56cm×56cm×22cm

仙风道骨　　石种：九龙璧　　尺寸：56cm×50cm×30cm

王永江
WANG YONGJIANG

王永江，福建泉州人。中国收藏家协会会员，福建省收藏家协会名誉会长。

"盛世兴收藏。"王永江先生潜心于名人字画、中国纸币、新疆和田玉、翡翠系列的收藏与鉴赏20余年，其藏品以具有独特的历史、艺术、学术价值和稀有程度，受到越来越多收藏者的重视和追捧。

王永江在福建省收藏界朋友圈开辟"弘扬收藏品文化"沙龙，着力普及收藏文化知识，为藏家、学者、收藏爱好者提供一个学习交流平台，利用各种机会为广大市民提供免费藏品鉴定，被人们认作当地收藏的先行者与收藏文化的传播者。

新疆和田玉腰　　作者：吴德升　　尺寸：10cm×5cm×1.9cm

新疆和田玉带皮仔料一对

缅甸翡翠蛋面戒指　　蛋面尺寸：2.2cm×1.9cm×1.5cm

缅甸翡翠手镯一对　　尺寸：口径5.5cm

中国人民银行第三套人民币壹角面额纸币

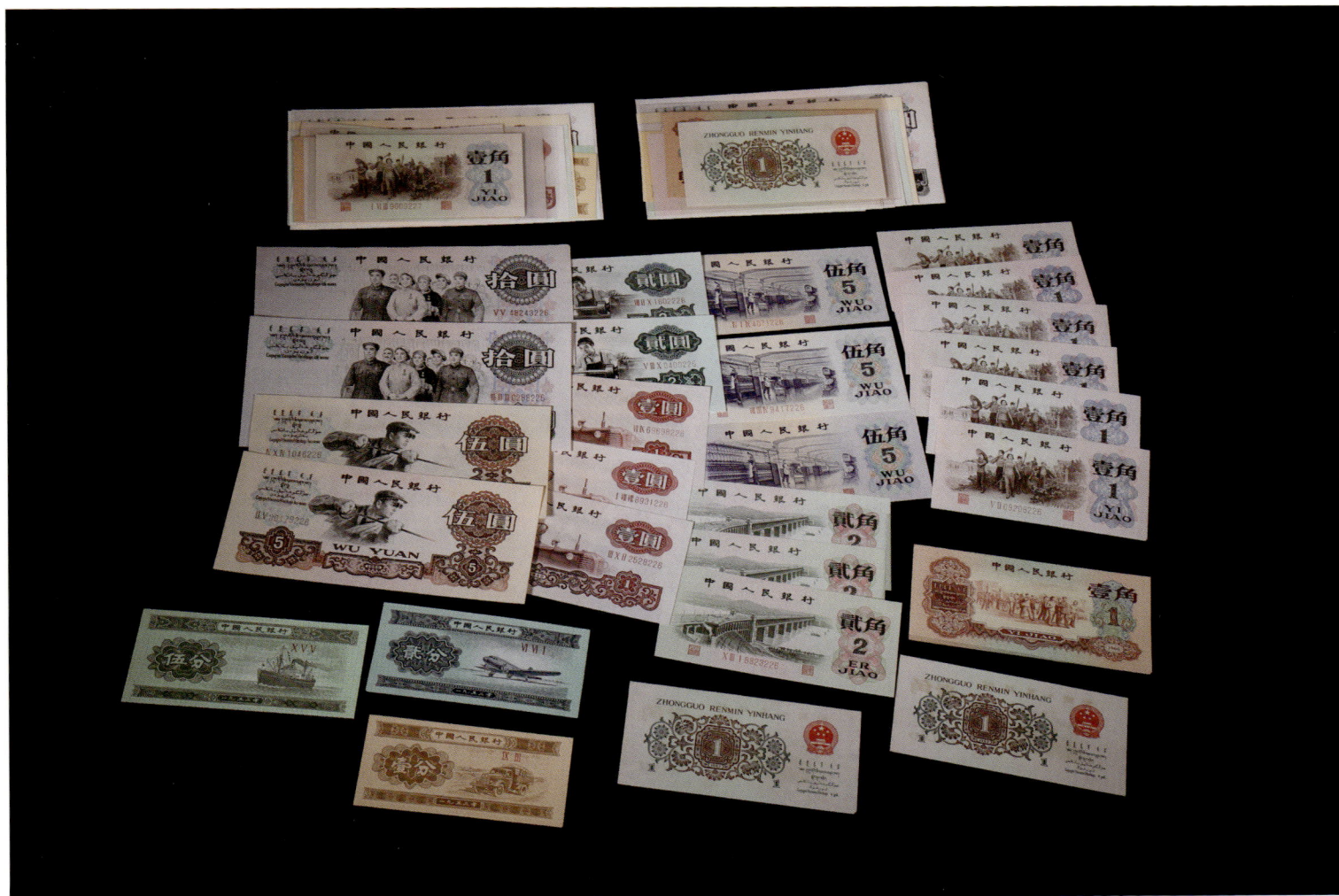

中国人民银行第三套人民币大全套27枚，尾数三位同号

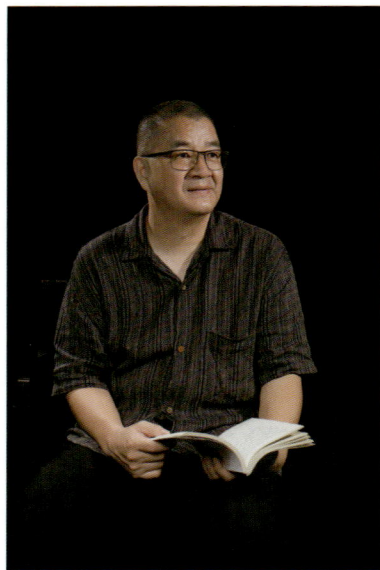

王亦勇
WANG YIYONG

　　王亦勇，福建泉州人，1986年毕业于福州大学轻工系。历任福建省轻工工艺品进出口商会、福建省陶瓷树脂出口基地商会副理事长，泉州市丰泽区第三、四届政协委员，福建省收藏家协会泉州石雕文化馆馆长。

　　王亦勇热衷于古石雕的收藏，创办了泉州丰泽正月娇工艺有限公司，并创办了小型古石雕博物馆——未然山居，在作为古石雕研究与交流平台的同时，免费向大众开放。

佛塔

门鼓一对

净手盆

婆罗门佛塔构件

石敢当

佛教经幢

王灵艺
WANG LINGYI

　　王灵艺，泉州永春人。现任厦门市永春商会常务理事，厦门王灵艺香芯馆馆长。

　　王灵艺创办的唐香文化空间是一家致力于打造属于中国香文化品牌的公司，在传统文化传承的基础上不断地创新，着眼于文化的相互渗透融合，深度挖掘传统文化的精髓，将传统文化的优秀内涵作为品牌的核心驱动力，拓展一个立体、多元化发展的文化企业，打造文化系统生态供应链。

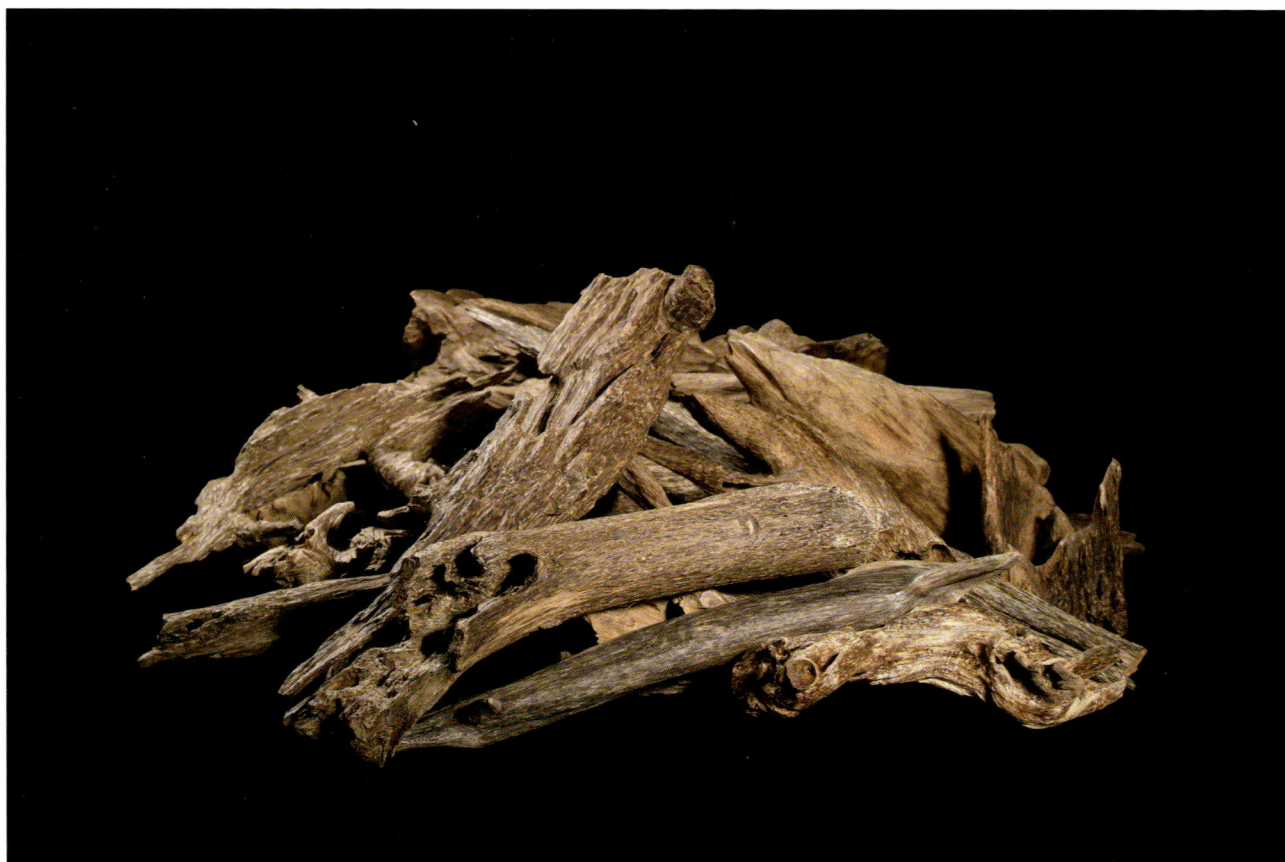

沉水沉香（一）

沉水沉香（二）

沉水沉香（三）

沉水沉香（四）

沉香挂件、摆件

合家欢　　作者：童胜富　　尺寸：63cm×46cm×27cm

王金水
WANG JINSHUI

　　王金水，1934年出生，福建安溪人。中国收藏家协会顾问、中国赏石协会高级顾问、福建省收藏家协会高级顾问、厦门市教育基金会创会会长、厦门中华奇石馆创建人。

元宝　　石种：东北岫玉　　尺寸：41cm×67cm×35cm

瑞云峰　　石种：新疆金丝玉　　尺寸：42cm×58cm×39cm

普度众生　　　石种：陨石　　　尺寸：55cm×26cm×19cm

岁月留痕　　　石种：湖北绿松石　　　尺寸：89cm×38cm×36cm

马到成功　　石种：九龙璧　　（白马尺寸：20cm×25cm×11cm）

马到成功　　石种：九龙璧　　（黑马尺寸：25cm×30cm×15cm）

王健康
WANG JIANKANG

　　王健康，福建晋江人，中共党员。中国收藏家协会会员、古籍研究中心特约研究员，福建省收藏家协会理事、书报刊收藏委员会副主任。

　　主要收藏明清古籍善本、套印本、木刻雕版、木活字、地方文献、名人著述、县市志及《人民画报》等品类，其中线装书2.5万册，民国至今的精装、平装、毛边书2万余册，藏书总计超4.5万册。其中明刻本有郑大郁《篆林肆考》，蔡清《四书蒙引》《易经蒙引》，陈懋仁《泉南杂志》，王世懋《闽部疏》，郭伟《百子金丹》，唐《王审知德政碑》，张世南《游宦纪闻》等。2019年中国收藏家协会书报刊委员会授予王健康"学术贡献奖"。

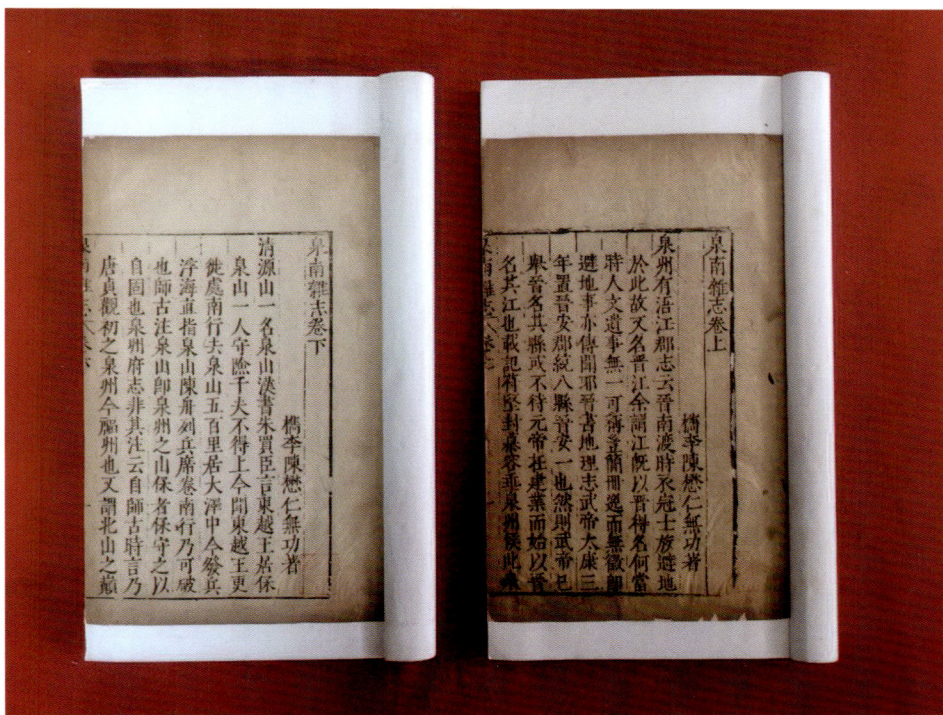

明刻本《泉南杂志》

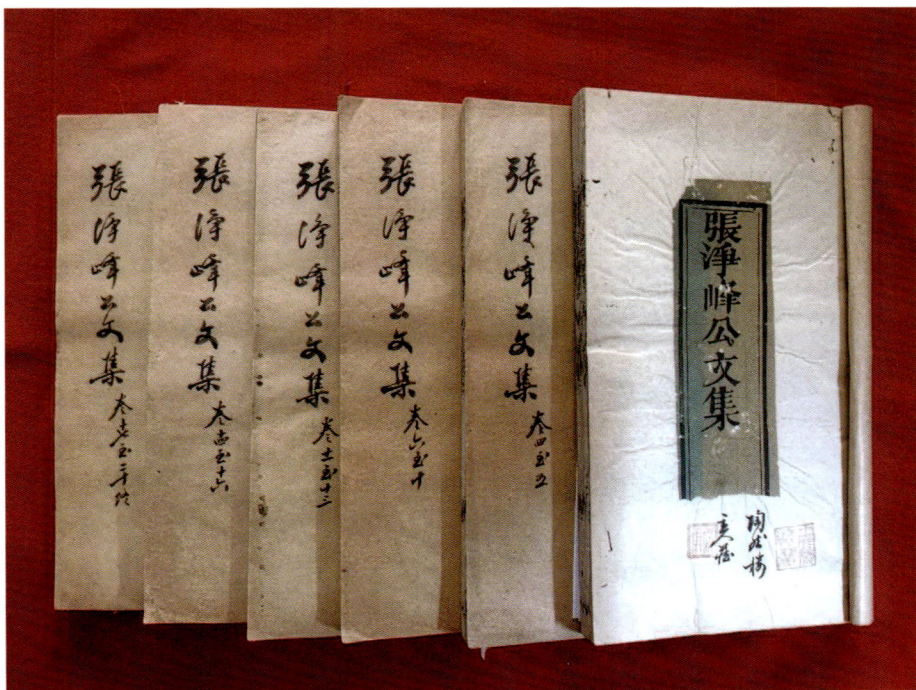

《张净峰公文集》二十卷

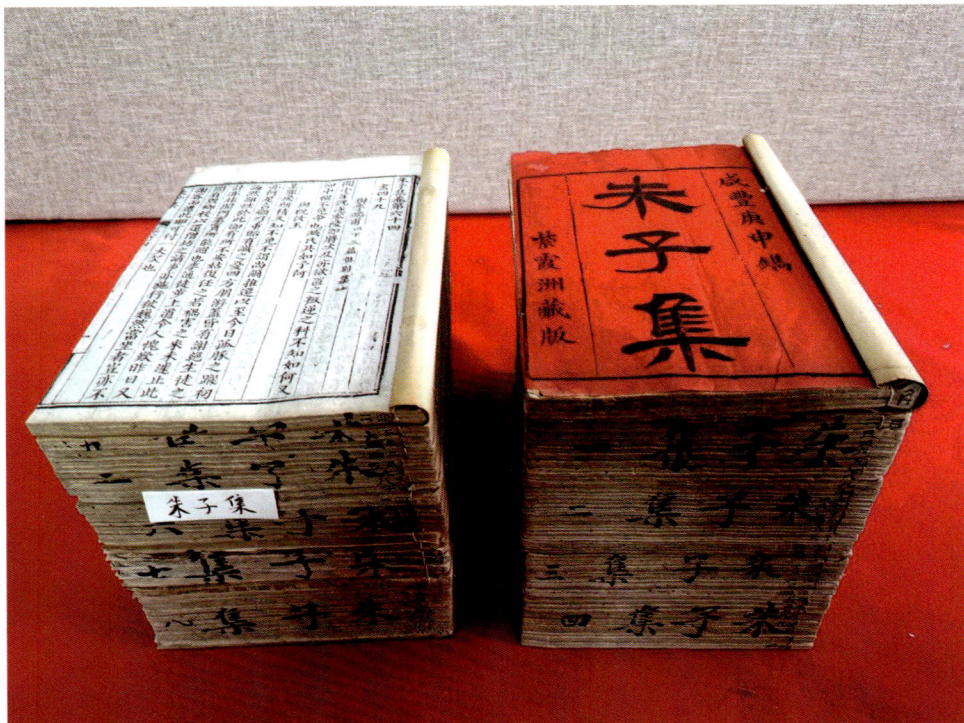

清咸丰庚申（1860）刻本《朱子集》

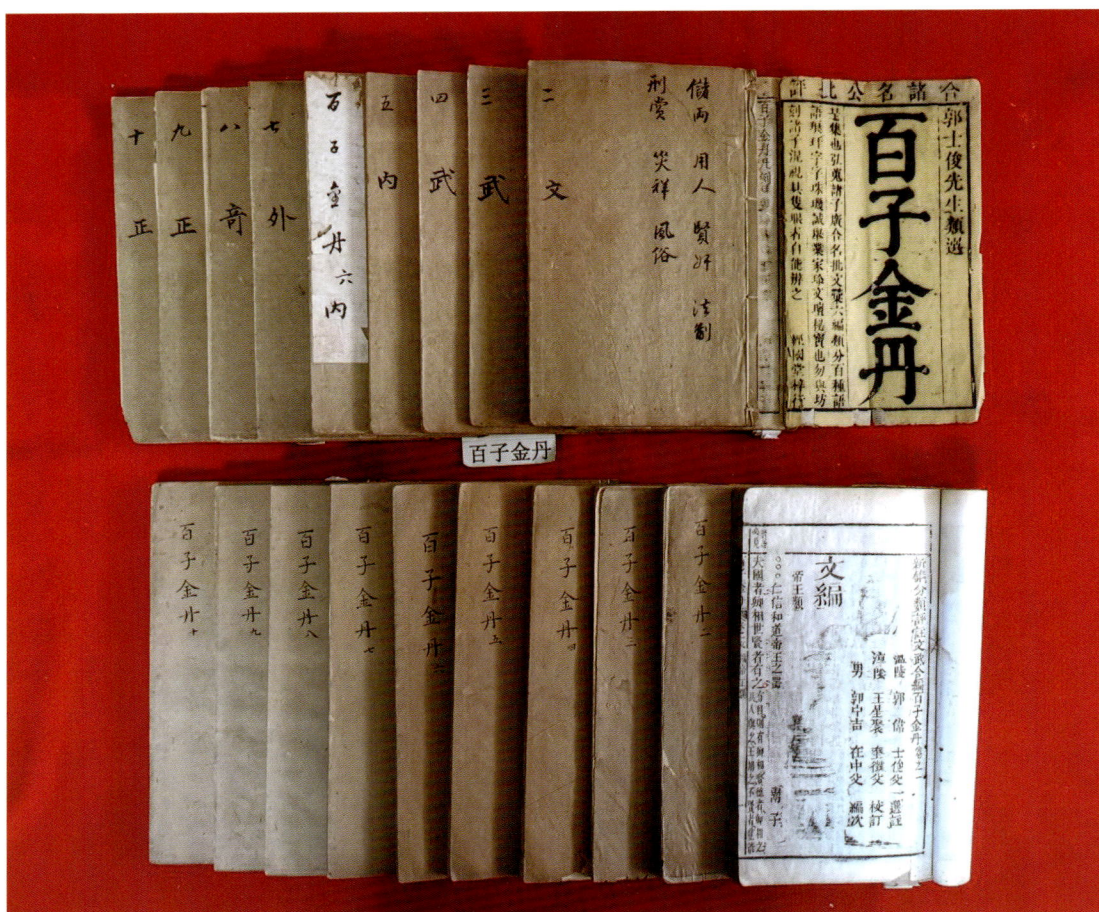

乾隆八年（1743）经国堂刻本《百子金丹》

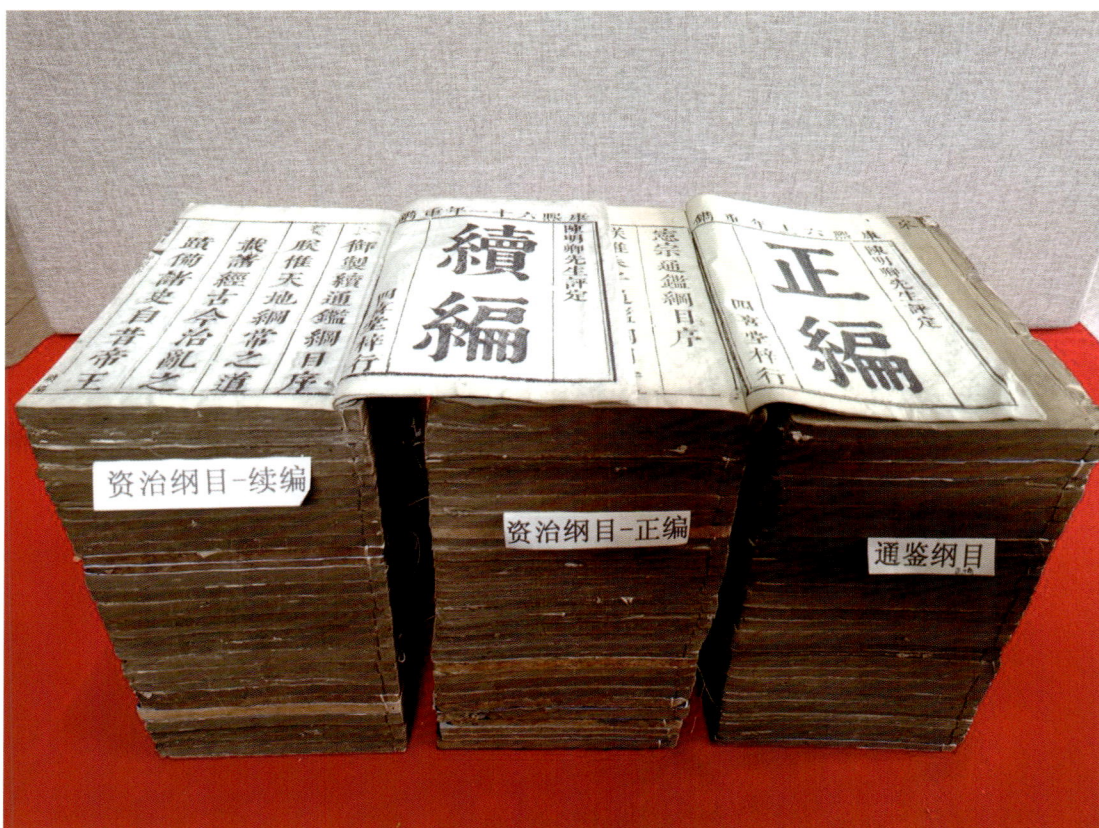

清康熙六十年（1721）刻本《通鉴纲目》《资治纲目》

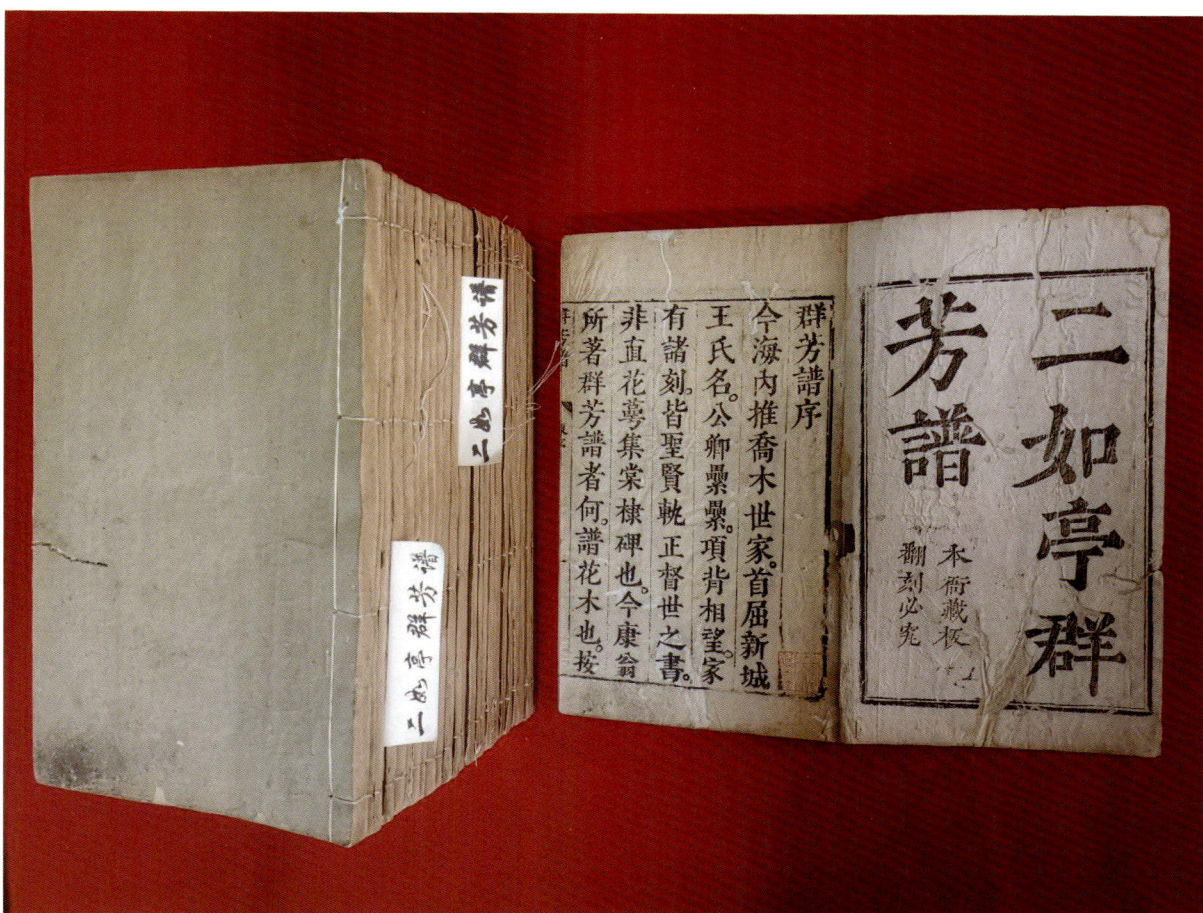

明刻本《二如亭群芳谱》

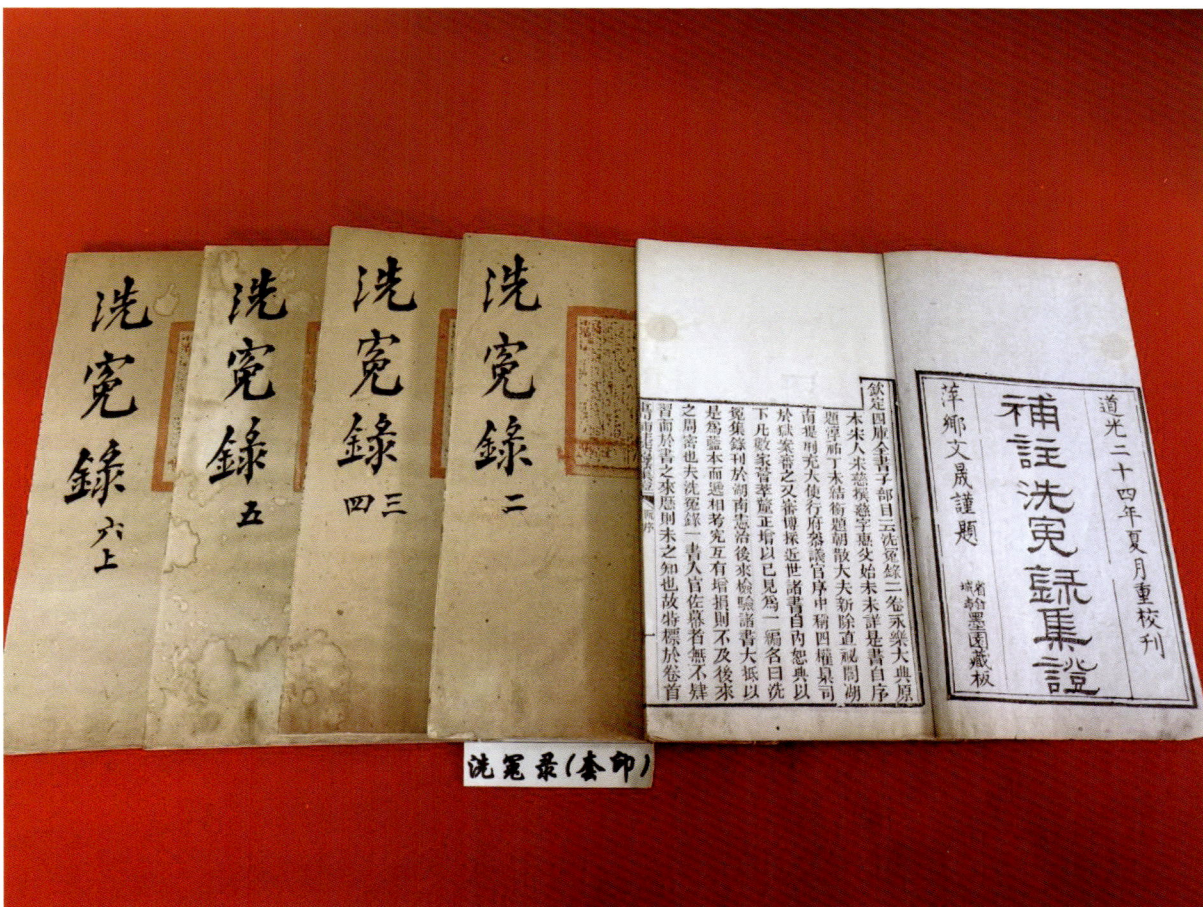

清道光二十四年（1844）刻本《补注洗冤录集证》

王颐疆
WANG YIJIANG

　　王颐疆，硕士毕业于上海财经大学。北京厦门商会执行会长，北京文创协会副会长，厦门海峡书画产业协会常务副会长，厦门商帮经济交流协会常务副会长，上海财经大学福建校友会秘书长，荷银投资集团中科硅谷董事长，厦门翰皇文化创意投资机构投资总监、首席战略官（CSO），厦门大学文化创意研究中心客座研究员，福建省收藏协会荣誉会长。

　　作为厦门市海峡书画艺术产业协会的发起人之一，王颐疆致力于整合海峡两岸书画艺术产业的优秀企业，挖掘和弘扬中华文化的宝贵财富，构建海峡两岸书画艺术产业的交流合作平台，推动书画艺术品的产业化、金融化。

青纱帐　　作者：老圃　　尺寸：136cm×69cm

莲升图　　作者：老圃　　尺寸：196cm×96cm

财神　作者：徐里　尺寸：100cm×100cm

方胜
FANG SHENG

　　方胜，出生于宁德福鼎，现定居厦门。现任中国收藏家协会会员、福建省收藏家协会石雕收藏委员会成员、闽台石雕收藏馆馆长。

　　方胜从事石雕收藏近10年，收藏的石雕以青石石雕居多，有人像、官狮、佛塔等。

迎曦　　尺寸：75cm×97cm×28cm

乐俑　　尺寸：42cm×92cm×15cm

太狮少狮　尺寸：63cm×58cm×30cm

石盆　尺寸：33cm×88cm×49cm

观世音　　尺寸：93cm×43cm×33cm

四周佛　　尺寸：77cm×57cm×31cm

方广智
FANG GUANGZHI

方广智，1978年生，号梦旭斋主。2005年毕业于厦门大学美术系中国画专业，获文学硕士学位，留校任教至今。2015—2016年为中央美术学院中国画学院骨干教师访问学者。

现为厦门大学艺术学院美术系教授、硕士研究生导师、中国画教研室主任，中国美术家协会会员，中国书法家协会会员，中国文物学会书画与雕塑专业委员会理事，文化和旅游部艺术发展中心中国画创作研究院研究员，福建省青年画院副院长。

现主要在高等院校从事美术教育与个人创作，业余爱好研究及收藏古代艺术品。近十几年来以红山文化玉器为主题研究对象，深入系统地探寻红山文化玉器的文化及艺术内涵，学习红山文化玉器的鉴赏与鉴定，有多篇学术论文发表于国家一级核心刊物。出版有《红山文化玉器鉴赏》等著作。

玉雕龙　　尺寸：12.6cm×8.8cm×3cm

玉虎　　尺寸：6.1cm×16cm×2.1cm

勾云形玉器　　尺寸：8.6cm×21.6cm×0.8cm

玉神人　　尺寸：6.9cm×17cm×5.2cm

方连成
FANG LIANCHENG

　　方连成，1973年出生，籍贯福建龙海。现为国家一级品酒师，中国酒业名酒收藏委员会常务理事、鉴定委员、价格委员、品牌传播委员，中国收藏家协会老酒鉴定专家，中国藏酒协会副会长、鉴定组专家，福建省收藏家协会酒文化收藏委员会主任，四川省联合酒类交易所鉴定顾问，福建省云霄酒类收藏协会名誉会长，江西省赣州市酒类收藏协会名誉会长，广东省潮州酒类收藏协会名誉会长，广东省揭阳市酒类收藏协会名誉会长，好彩头陈年老酒收藏馆馆长，龙海市京津冀商会会长。

　　方连成除了收藏白酒，还藏有很多酒器，主要是民国和清朝时期的锡酒壶，共4000多件，品种达1200多个。

国庆50周年茅台纪念酒（一）

国庆50周年茅台纪念酒（二）

五粮液珍藏品

北京同仁堂北京虎骨药酒

贵州茅台酒厂早期茅台酒（一）

贵州茅台酒厂早期茅台酒（二）

贵州茅台酒厂早期茅台酒（三）

贵州茅台酒厂茅台酒

贵州茅台酒厂葵花系列茅台酒

方博弘
FANG BOHONG

方博弘，漳州龙海人。现任厦门博大古典红木家具有限公司总经理。

潜心收藏30余年，热爱收藏。研究明代家具、名人字画和古玩艺术品，所藏传统家具的形制与品类较齐备。

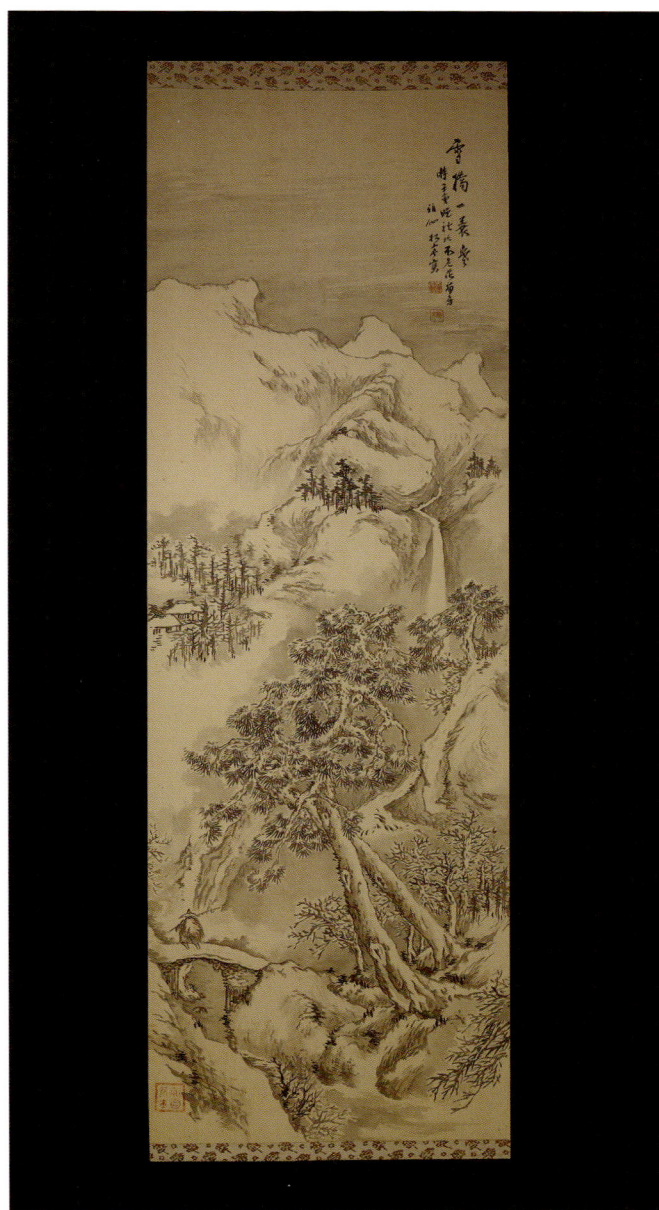

雪桥一蓑寒　　作者：赵松亭　　尺寸：126cm×42cm

运筹帷幄，马到成功　　作者：郭念桐　　尺寸：95cm×179cm

和田白玉观音摆件

尺寸：16cm×20cm×6cm　　2.17公斤

和田玉摆件　　作者：赵永成

尺寸：10cm×36cm×16.5cm　　10.25公斤

和田玉摆件　　尺寸：36cm×23cm×11cm　　13.42公斤

和田玉摆件　　尺寸：29cm×17cm×10cm　　5.1公斤

和田玉摆件　　尺寸：24cm×40cm×16cm　　10.85公斤

和田玉摆件　　尺寸：7cm×26.8cm×26.5cm　　2.15公斤

邓戎
DENG RONG

邓戎，1958年出生于福建光泽，退休后定居厦门。现为福建省邵武市收藏家协会顾问，福建省收藏家协会会员。以收藏瓷器、宣德炉为主，其他品类也有涉猎。

蟋蟀罐

宝石红釉盘

三彩执壶

官窯龍紋洗

越窯盤口四系壺

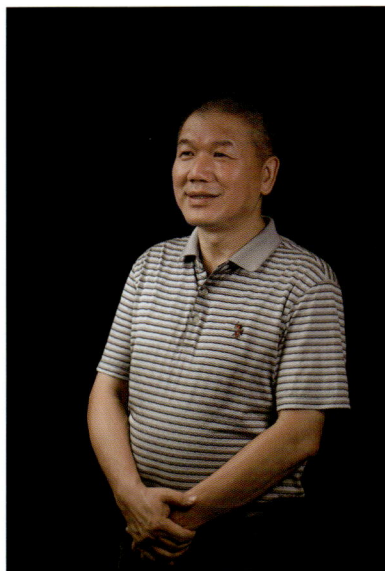

甘鹭生
GAN LUSHENG

甘鹭生，生于1966年，籍贯福建龙海，毕业于福州大学机械制造加工工艺及自动化专业。现为厦门德家和实验室设备工程有限公司总经理，中国观赏石协会主席团副主席，中国观赏石协会九龙璧专委会副主任，中国观赏石协会造型石专委会副主任，厦门盆景雅石研究会副会长，国家一级观赏石鉴评师，国家高级观赏石价格评估师，国家玉石鉴定评估师。

藏石17多年来，创作了一些造型石和图纹石作品。作品曾分别在昆明世博会、柳州国际奇石节、第十一届中国赏石展览会、海峡两岸赏石文化交流会、中国石家庄观赏石博览会、厦门盆景雅石展上获得金、银、铜奖，曾在厦门文博会和海西花鸟市场举办个人作品展。创办的弘韵石馆在2018年被列为国家级非物质文化遗产代表性项目（赏石艺术）保护单位。

气势如虹　　石种：葡萄玛瑙　　尺寸：45cm×55cm×38cm

秀月抱湖　　石种：九龙璧　　尺寸：47cm×88cm×38cm

极地春色　　石种：广东白蜡石　　尺寸：34cm×75cm×36cm

鱼化龙　　石种：卷纹石　　尺寸：36cm×32cm×27cm

福鹿　　石种：内蒙古草花玛瑙　　尺寸：8cm×7.5cm×4cm

年年有余　　石种：广西摩尔石　　尺寸：80cm×50cm×18cm

石禄生
SHI LUSHENG

　　石禄生，1968年生于福建武平。收藏家、古董鉴赏家。系大型古建筑群落文旅项目"福建百家大院"投资人、福建收藏家协会荣誉会长、厦门市古代艺术品研究会会长、厦门市语言学会荣誉会长、福建龙岩学院闽台研究院客座研究员、中国网海峡频道"海峡三分钟"主讲嘉宾、腾讯新闻"宝藏四方"鉴宝专家。

　　30余年来，石禄生收藏的古瓷、古青铜器、古字画、古币、玉器等，数量庞大，种类丰富。此外他还收藏了几千块历代名门望族的牌匾，其中有不少涉及客家文化的牌匾。

铜鎏金嵌宝石乾隆御笔"紫气东来"九龙匾　　尺寸：112.3cm×232.3cm

掐丝珐琅嵌宝石"大吉大利"宝瓶一对　　尺寸：高45cm，底27cm×10cm

铜鎏金龙纹花卉纹瓶一对　　尺寸：高63cm，底13cm×7cm

"福禄寿禧"龙纹四方尊一对　　尺寸：高47cm，底12cm×12cm

铜鎏金"福寿"花卉纹双龙耳抱月瓶一对　　尺寸：高34cm，底10cm×7.5cm

铜鎏金"万寿无疆"云龙纹执壶一对　　尺寸：高20cm，底6.5cm×6.5cm

平青
PING QING

　　平青，出生于福建漳州，现定居漳州市。毕业于哈尔滨工业大学。现为漳州市太极拳协会顾问、漳州市九龙虚静太极院院长、福建省观赏石协会顾问、漳州市石文化协会副主席、漳州市九龙禅石馆馆长、平青奇石苑负责人。爱好中国的武术、佛、道、儒、观赏石收藏等传统文化。2001年开始收藏九龙璧（华安玉），其平青奇石苑被评定为"福建省漳州市石文化基地"。平青奇石苑搬迁到华宇五洲城后，命名为漳州市九龙禅石馆，现有如来佛、观世音菩萨三十三相、十八罗汉、五百罗汉等，致力于禅石的收藏和禅石文化的推广。

　　2004年平青开始创作《九龙璧五百罗汉》，他根据九龙璧的特点，将二十八组不同内涵的十八罗汉组合形成五百罗汉。《石道》杂志、《中华奇石》、《宝藏》杂志、厦门电视台"沟通"栏目、漳州市电视台、《闽南日报》等新闻媒体对《九龙璧五百罗汉》进行了报道。

清泉石上流　　石种：九龙璧　　尺寸：59cm×91cm×35cm

禅悟　　石种：九龙璧　　尺寸：55cm×47cm×33cm

白衣观音　　石种：九龙璧　　尺寸：28cm×15cm×6cm

观世音菩萨　　石种：九龙璧　　尺寸：28cm×27cm×15cm

米芾拜石　　石种：九龙璧　　尺寸：15cm×14cm×5cm

叶艺灵
YE YILING

　　叶艺灵，出生于福建漳州。现为福建省美术家协会会员，福建五鑫金丝楠文化传播有限公司董事长，曾入选"中国十大创新企业家"。

　　2006年开始收藏乌木原木、乌木金丝楠木，现收藏乌木近万吨。

大金龙　　材质：乌木金丝楠木　　产地：贵州省　　尺寸：长780cm，直径120cm

恐龙　　材质：乌木金丝楠木　　产地：贵州省　　尺寸：高380cm，长960cm

倒流香　　材质：乌木金丝楠木　　产地：福建省南靖县
尺寸：高73cm，直径14cm

雄鹰　　材质：乌木金丝楠木　　产地：四川省
尺寸：高262cm，宽162cm

黄金柱　　材质：乌木金丝楠木　　产地：四川省
尺寸：高186cm，直径27cm

高山流水　　材质：乌木金丝楠木　　产地：四川省
尺寸：高172cm，宽94cm

叶水省
YE SHUISHENG

叶水省，"莲福文化"董事，莲福美术馆馆长，福建省收藏家协会名誉会长，厦门同安商会副会长，厦门市慈善总会第四届名誉会长，2015厦门经济十大风云人物，2017厦门文化产业年度风云榜榜单年度人物。

叶水省于1995年创建莲福品牌，2002年开始介入文化产业，并成立莲福文化传播（厦门）有限公司，集艺术品收藏、投资、交流、策展为一体，致力于中国优秀传统文化艺术的传承与发展。

叶水省是国内最早介入漆画收藏的民营企业家。莲福文化传播（厦门）有限公司收藏了历届全国美展、全国漆画展等大型全国性展览的金、银、铜奖作品以及获奖者、众多漆画名家的作品上千幅，成为全国漆画收藏体量大、藏品丰富、收藏体系完整的具有国际影响力的文化机构，叶水省也被业内专家称为"漆艺术的历史收藏者"。

2016年成立的莲福美术馆，是国内首家专注漆画收藏与研究的美术馆。

"莲福"是中国漆画艺术走向国际的"桥头堡"。2018年莲福美术馆受邀在日本东京日中友好会馆美术馆举办"中国当代漆画名品展"；2019年莲福漆画获得国家艺术基金立项，冠名"中国当代漆画巡展"，在厦门、上海、深圳、北京、潍坊、杭州展出，引发了全国性的"漆画热"，堪称一场"文化盛事"；2021年，在叶水省馆长的主持带领下，美术馆与国内30多家高校签订共建实践教学基地协议，开启馆校合作新篇；莲福数十幅漆画作品入驻北京2022冬奥会组委会文化展区，成为北京2022冬奥会漆画艺术品唯一提供方。

赶场　　作者：朱昉　　尺寸：160cm×160cm

天之苍苍　　作者：寇焱　　尺寸：90cm×120cm

银山　　作者：刘善林　　尺寸：200cm×200cm

古色之一　　作者：孙晓东　　尺寸：80cm×80cm

"静·悟"系列之一　　作者：杨国林　　尺寸：80cm×120cm

故乡　　作者：胡本七　　尺寸：60cm×160cm

武夷春色　　作者：黄国强　　尺寸：200cm×200cm

竹林幽静　　作者：苏国伟　　尺寸：110cm×220cm

"和风送暖"系列之二　　作者：肖禹蓁　　尺寸：60cm×180cm

叶志祥
YE ZHIXIANG

叶志祥，1977年出生于泉州安溪。现任福建省收藏家协会老茶委员会主任、安溪县新阶联副秘书长、安溪县鑫琪鹏茶叶合作社理事长、安溪民间斗茶交流协会副会长、叶司令茶文化收藏馆馆长，是国家高级评茶师、国家级茶叶工程师、国家茶叶加工技师、国家中级考评员、泉州市技能大师、安溪县技能大师、泉州市高层次人才、中国老茶收藏专家、安溪铁观音制作技艺传承人。

2010年成立福建省安溪县鑫琪鹏茶叶专业合作社，2019年创立安溪县乌龙茶铁观音制作技艺传习所，组织开展安溪铁观音制作技艺的保护和传承，建设标准厂房1000多平方米，茶园基地60000多平方米。经过近20年的积累，叶志祥藏有老茶1.5万千克，有陈年铁观音、白茶、岩茶、普洱茶等，是远近闻名的"老茶收藏大王"。

安溪县早期茶具和葫芦茶罐　20世纪60年代至90年代

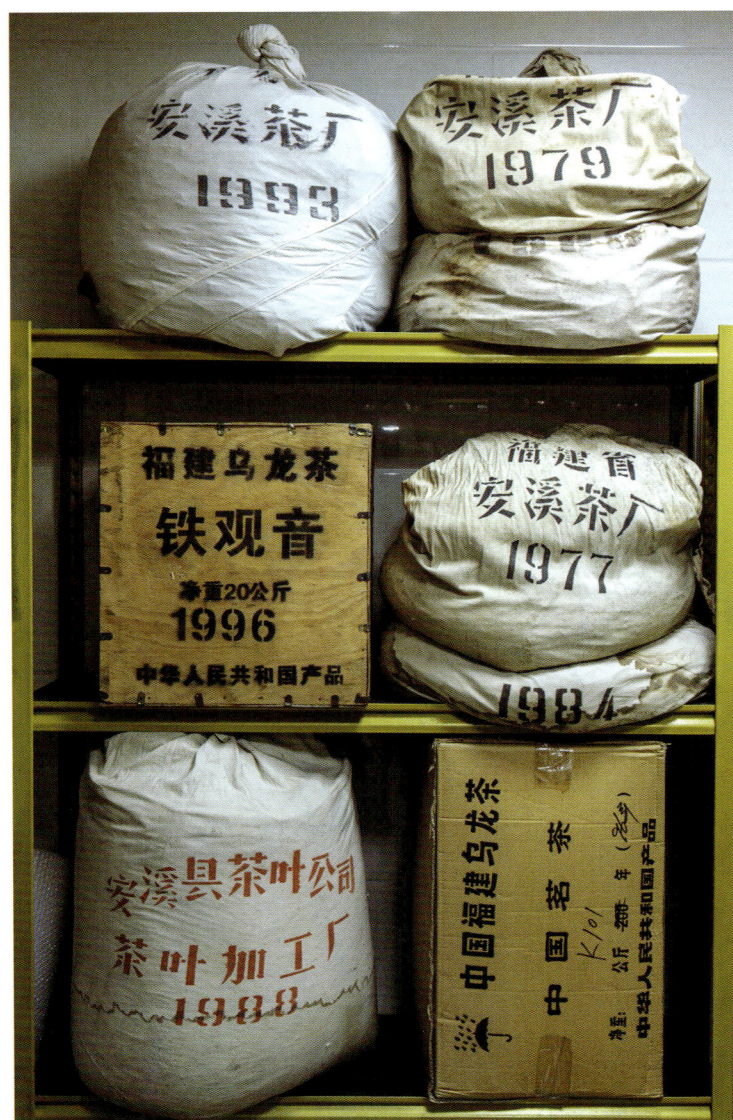

福建省安溪茶厂、安溪县茶叶公司茶叶　20世纪70年代至90年代

安溪县茶叶　20世纪80年代至90年代

福建省安溪茶厂、安溪县茶叶公司茶叶　20世纪80年代至90年代

安溪县茶叶　20世纪80年代至90年代

安溪县茶叶　20世纪80年代至90年代

叶德陆
YE DELU

　　叶德陆，出生于福建漳州。中国收藏家协会会员，福建省收藏家协会副秘书长、常务理事兼厦门代表处副主任，福建省收藏家协会收藏鉴定中心书画鉴定师。

　　1997年开始收藏书画作品，藏有万维生、钱邵武、黄永玉、韩美林、刘旦宅、朱伯华、石进旺等大师的书画作品。

弘一法师造像

君子之交其淡如水執象而求咫尺千里問余何適廓爾忘言華枝春滿天心月圓丁酉夏月伯華

弘一法师造像　　作者：朱伯华　　尺寸：136cm×71cm

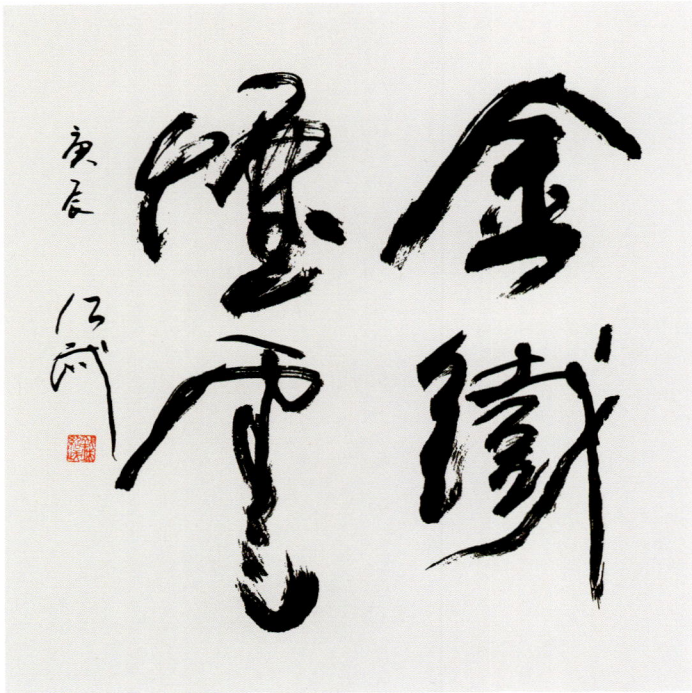

金铁烟云　　作者：钱绍武　　尺寸：68cm×68cm

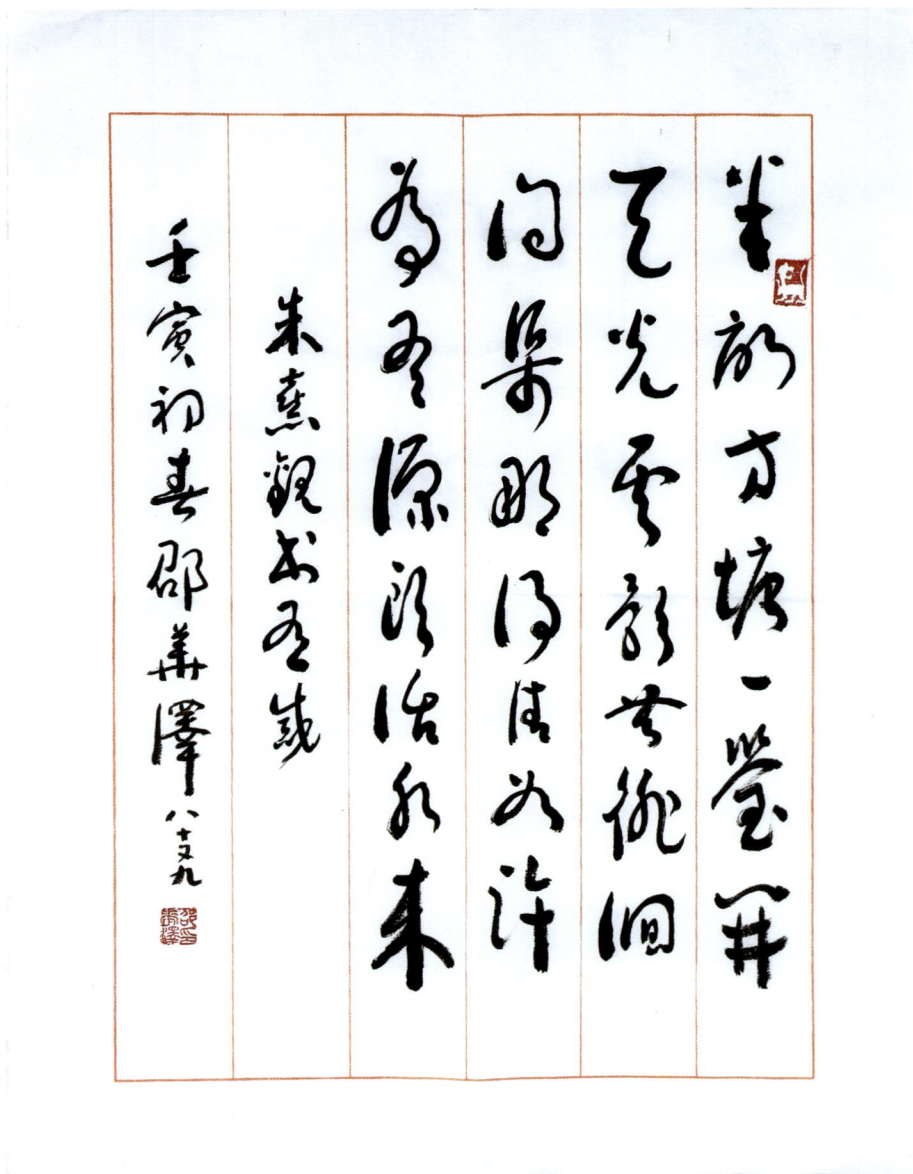

录《朱熹〈观书有感〉》　　作者：邵华泽　　尺寸：33.5cm×26cm

画莲图　　作者：朱伯华　　尺寸：70cm×132cm

云壑奔泉　　作者：石进旺　　尺寸：74cm×44cm

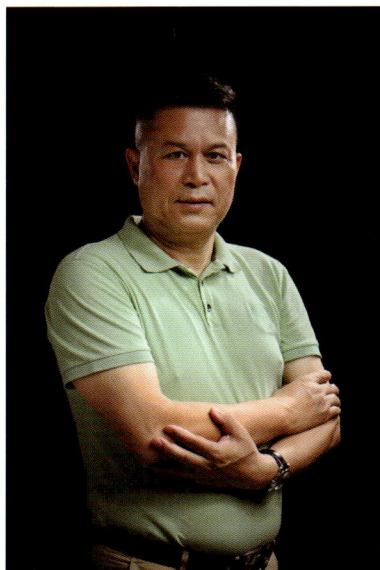

巩加礼
GONG JIALI

巩加礼，中共党员。中国收藏家协会会员，福建省收藏家协会常务理事兼副秘书长、厦门代表处秘书长，厦门市书法家协会会员，张雄书画院副院长。

自幼酷爱书法绘画艺术，且潜心研习，临池不辍。收藏涉猎广泛，主要收藏瓷器与书画作品。

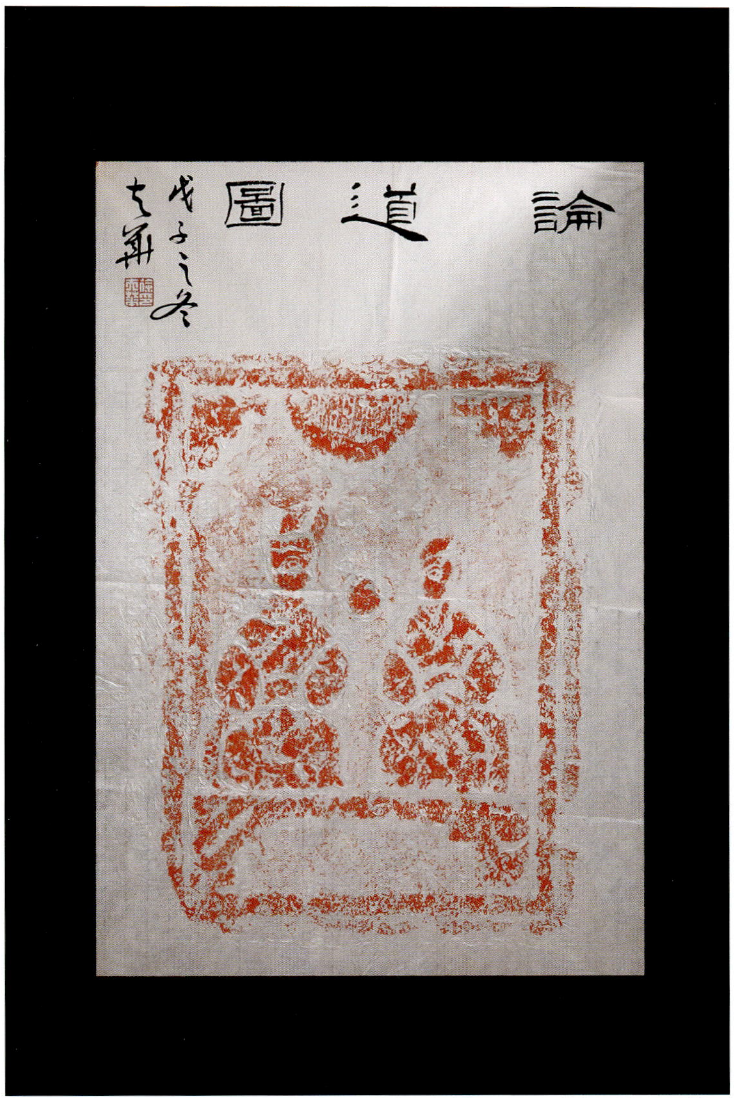

论道图　尺寸：58cm×46cm

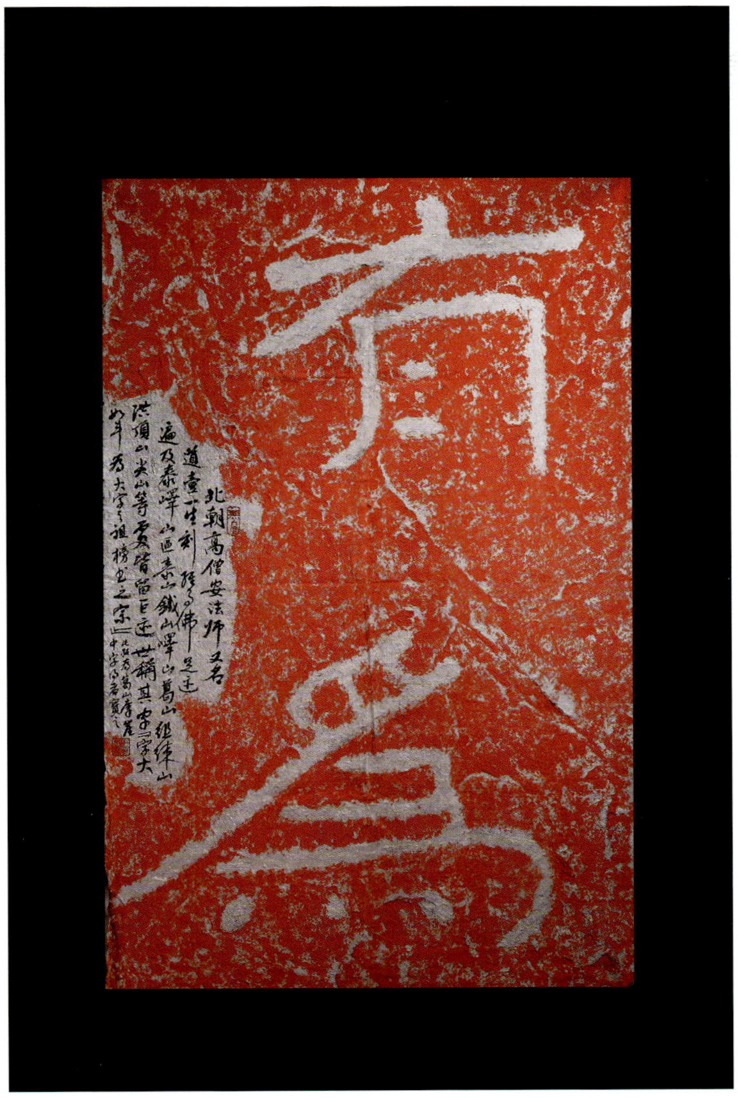

有为　尺寸：96cm×60cm

鱼化石　　尺寸：15cm×13cm

石斧　　尺寸：12cm×11cm

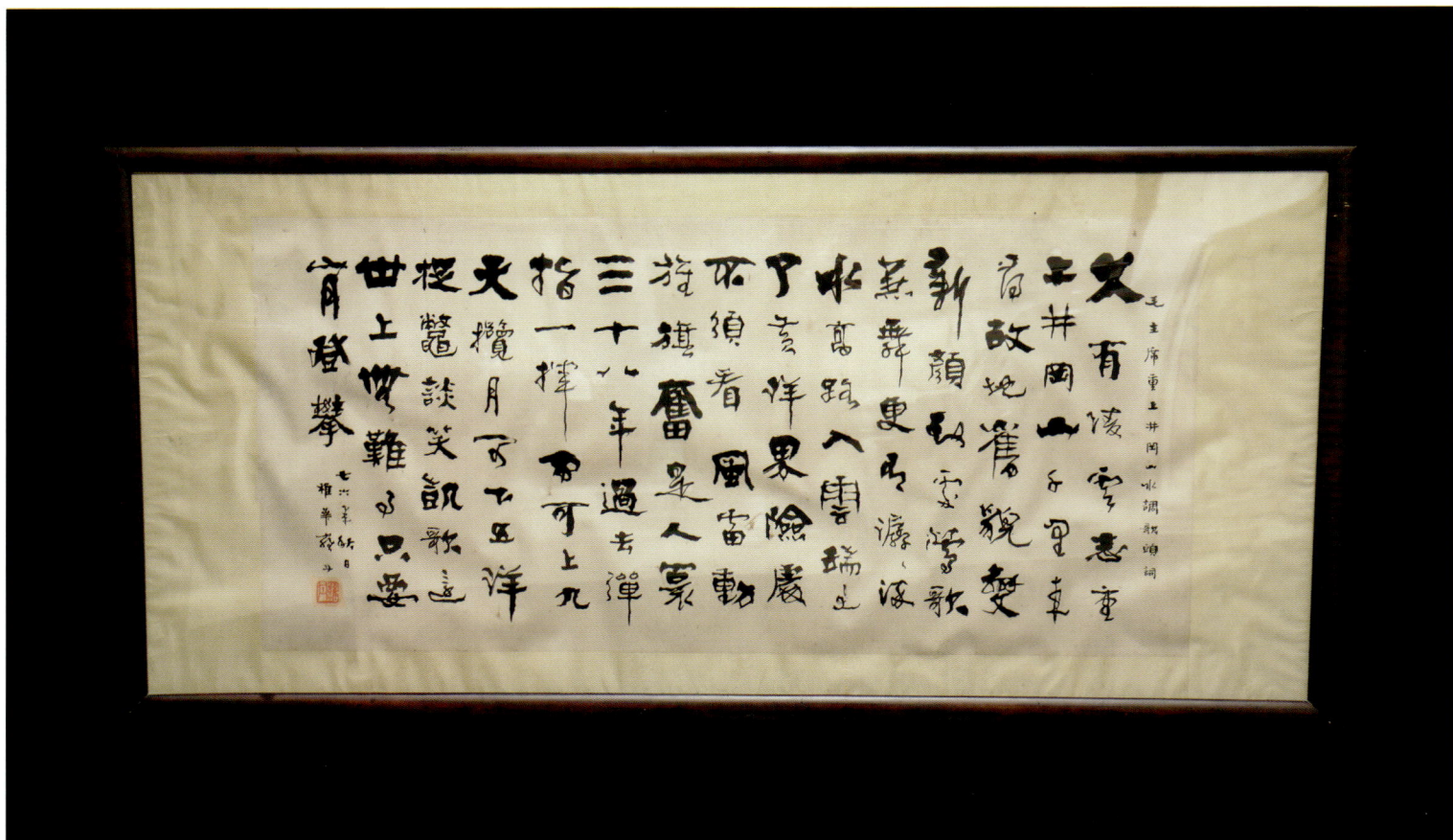

书法　作者：罗丹　尺寸：60cm×128cm

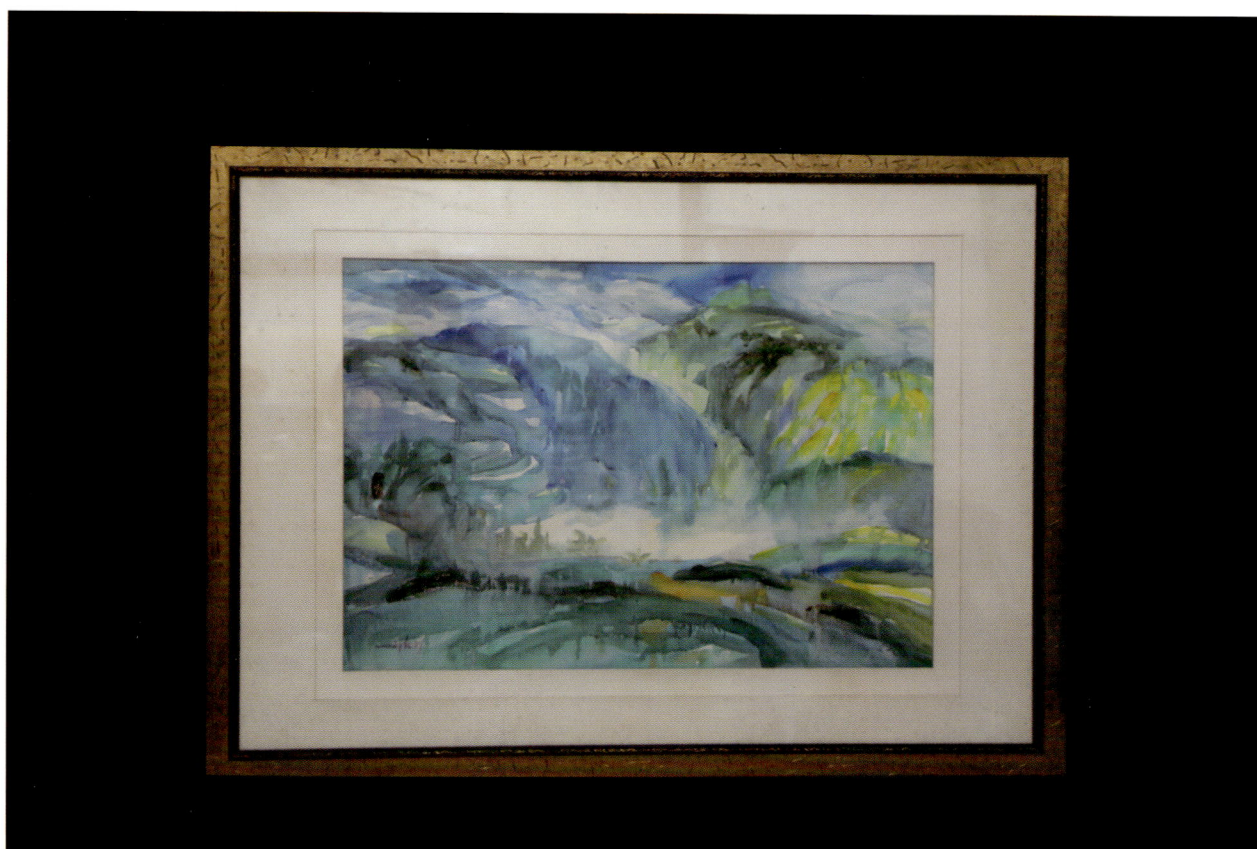

水彩　　作者：郑起妙　　尺寸：77cm×53cm

秋韵　　作者：吕云所　　尺寸：68cm×68cm

朱华骏
ZHU HUAJUN

朱华骏，籍贯福建福鼎，出生于福鼎白茶核心产区——福鼎市管阳镇唐阳村，从小深受福鼎白茶文化熏陶。现为福鼎市管阳茶业行业协会会长、宁德市姓氏源流研究会宁德朱氏委员会会长、福建省收藏家协会常务理事兼白茶委员会主任，以及福建省福鼎市汽车运输有限公司董事长、福建源润文化集团有限公司董事长、福鼎市智成职业培训学校董事长。

朱华骏一直关注福鼎白茶的发展，并于2015年创立福建白茶村茶业有限公司。借着福鼎白茶产业欣欣向荣的势头，朱华骏以白茶村茶业为基础，帮助和带动全村农民一起脱贫致富，赢得了广大村民的一致称赞。

在积极推动家乡茶产业的同时，朱华骏也是一名福鼎白茶的品鉴和收藏爱好者，目前收藏的福鼎白茶年份最早的是20世纪90年代，其他不同年份的白毫银针、白牡丹、寿眉数不胜数。

福建白茶村茶业有限公司白茶收藏仓

2004年寿眉茶饼

2008年白毫银针散茶

只为茶白
雕山刻海

2006 老白茶

2006年白毫银针大师茶

宁德第八届茶王赛金奖——白毫银针

宁德第九届茶王赛金奖——白毫银针

刘燕
LIU YAN

　　刘燕，籍贯福建宁德。现任酒佬会（厦门）投资管理有限公司投资人。获中国轻工业联合会人事教育部颁发的"高级品酒师"证书和"高级酿酒师·威士忌"证书，以及帝亚吉欧威士忌学院二级证书。

　　主要藏品为老酒，以茅台、五粮液为主。俗话说，酒越陈越香。中国白酒历史悠久，有着丰富深厚的文化底蕴。老酒收藏，它承载的是收藏家精神与物质上的双重丰收。

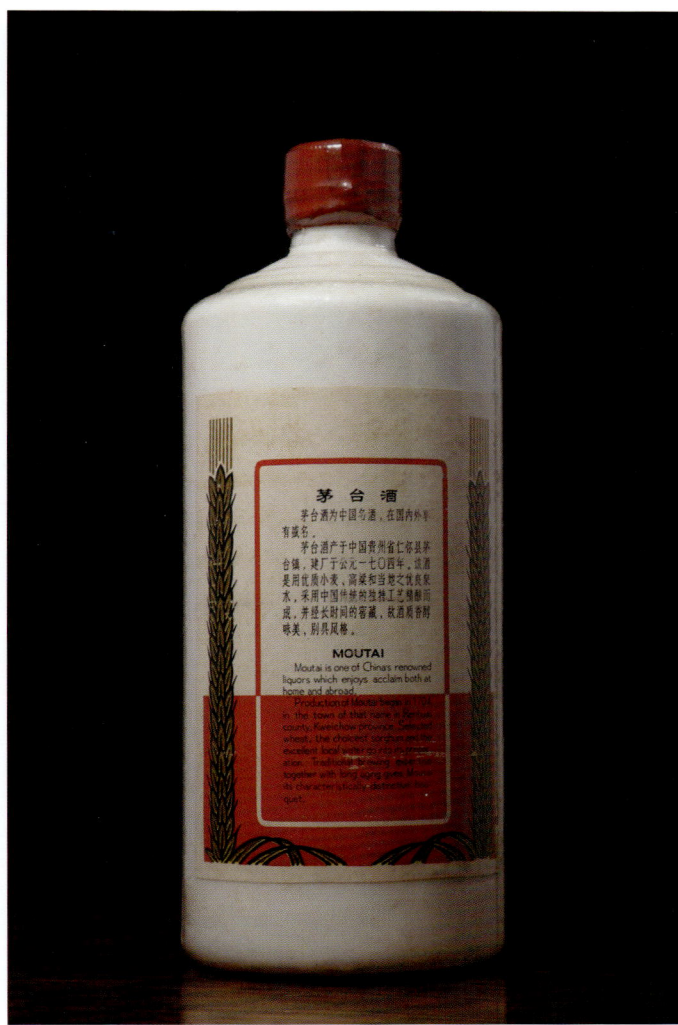

1977年贵州茅台酒

茅台酒包装变革历程（1977年至2019年）

1987年贵州茅台酒、1990年五粮液、20世纪70年代黄标剑南春

大摩The Dalmore（45年）苏格兰单一麦芽威士忌

皇家格兰乌妮 Glenury Royal （47年）单桶典藏臻酿单一麦芽威士忌 、 费特肯Fettercairn （46年）苏格兰单一麦芽威士忌

三得利白州25年机场版单一麦芽威士忌、三得利山崎25年机场版单一麦芽威士忌、三得利日本威士忌响（30年）花鸟盒装

刘奎宁
LIU KUINING

　　刘奎宁，祖籍山东新泰，现已定居厦门。中国红色美学引领者，资深品牌策划运作人，文旅文创、动漫IP品牌运作人，青年漫画家。曾任《现代青年》报、《福建雕塑》杂志执行主编，《福建漫画》主编。现为中国新闻漫画研究会理事、海峡两岸漫画艺术交流委员会副会长兼秘书长、福建省漫画研究会副会长、厦门市漫画协会创会副会长兼秘书长、厦门市红色文化研究会副会长、厦门市思明区文物保护志愿协会常务副会长、海峡两岸龙山文创园（国家级双创示范基地）高级文创顾问等。

　　自幼酷爱绘画、写作、集邮及摄影，先后在军地报刊发表新闻、摄影作品4500多件，漫画、国画1700多件，多次立功受奖。曾出版漫画作品集《党的创新理论漫画集》《征兵知识扑克》《军队党风廉政漫画集》等。作品在全国、全军艺术展及比赛中参展获奖，所作《万虎图》手绘封得到了杨利伟、杨洪基等70多个国家3000余位高级将领的肯定和题签；与江苏宜兴紫砂名家合作绘刻"虎壶生威"精品紫砂壶200余把；专注中国老版连环画收藏，先后收藏老版连环画2万余册；收藏中外老虎主题藏品1000余件，同时他的虎画作品也被我国和美国、英国、俄罗斯、澳大利亚、阿塞拜疆、苏丹、南非、印度等50多个国家的高级将领和友人收藏。

萬虎神威躍中華

原沈阳军区司令员钱国梁上将题词

刘奎宁《万虎图》获得70多个国家3000多位高级
将领题词

刘奎宁虎圈手绘书作品选

朱文泉

原南京军区司令员朱文泉上将题词

中国航天第一人——杨利伟将军为刘奎宁题词"学习成才"

刘奎宁漫画

著名将军歌唱家杨洪基题词

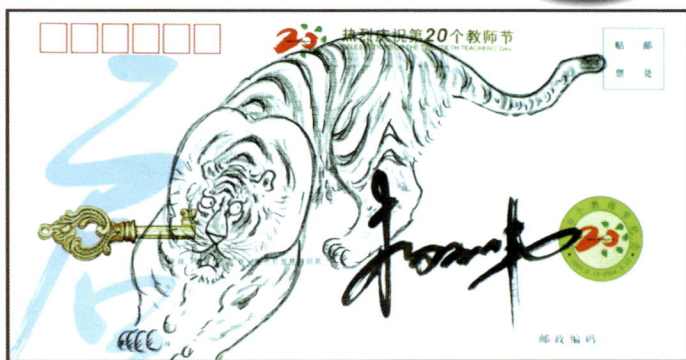

杨利伟题词

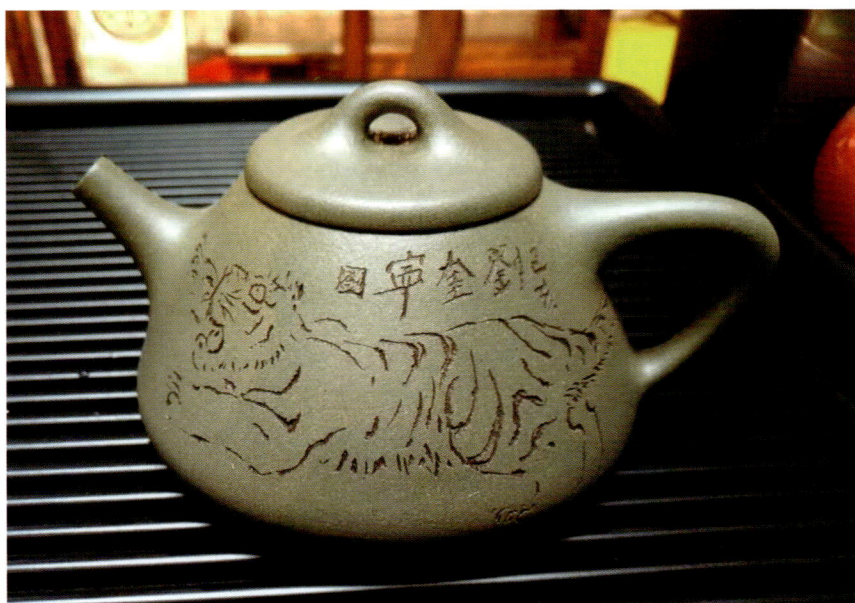

"虎壶生威"精品紫砂壶

2016年，刘奎宁原创设计出红色经典卡通形象"成功小红军"，并携带它们走完红军二万五千里长征路，并被沿途各地红色景区、纪念馆收藏

老版连环画

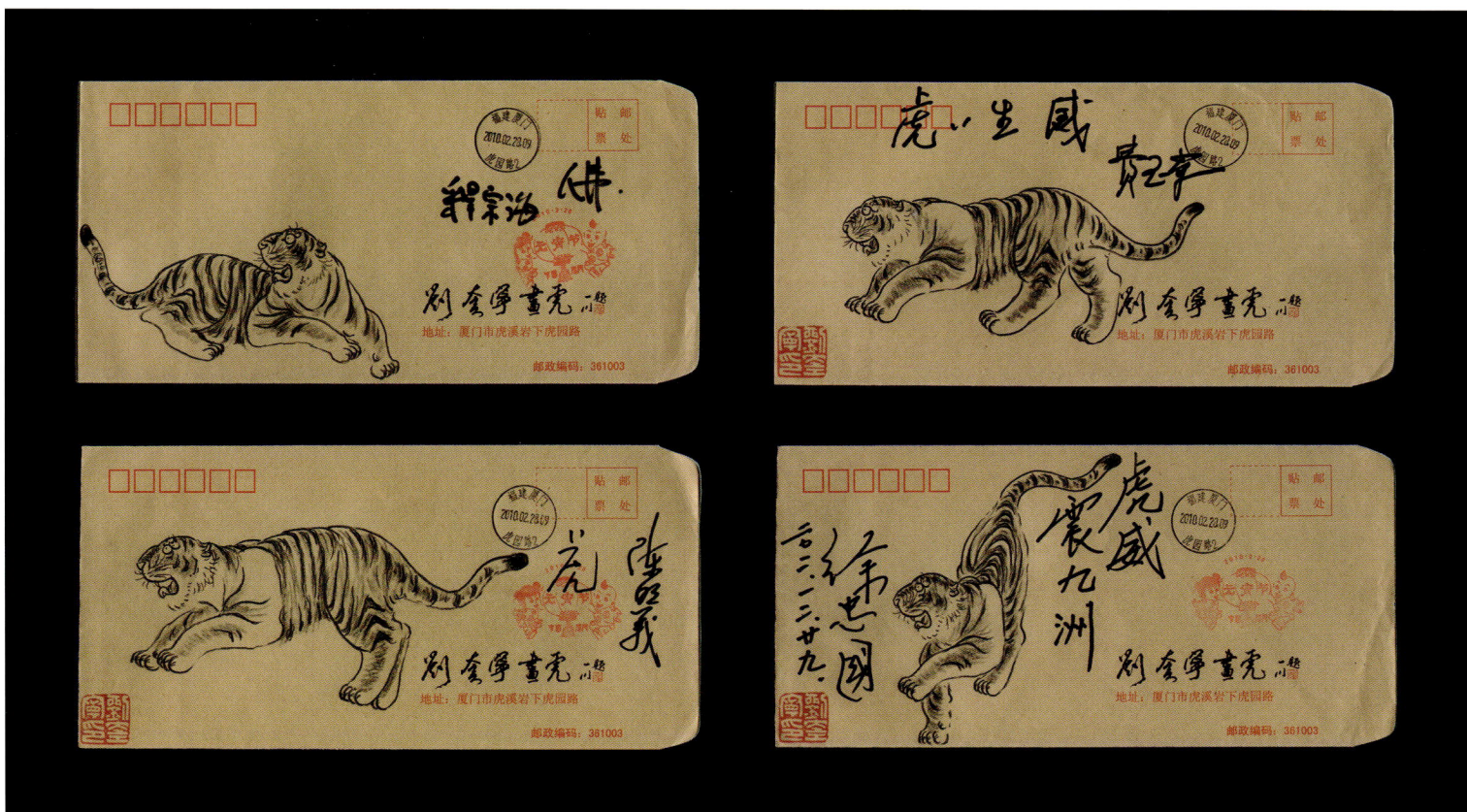

社会各界政要、名人题《万虎图》

中国邮政发行的刘奎宁《五福图》明信片

许庆友
XU QINGYOU

许庆友，厦门市收藏协会原会长，中国白茶博物馆创办人，福建大与茶号品牌创始人，厦门一正堂文博集团董事长。

中国白茶博物馆是福建大与实业投资建设、经营管理的大型专题博物馆，隶属厦门一正堂文博集团，总用地面积67000余平方米，建设规模50000余平方米，建设标准为国家二级博物馆。设有茶历史、文化、艺术器物主馆，藏茶馆，白茶精制体验馆，白茶文化馆，馆藏品鉴中心，禅茶疗愈中心，书院等，是中国白茶产业深耕发展的综合平台。

鸟瞰效果图

中国白茶博物馆

网纹单耳杯　　新石器时代晚期　　马家窑文化马厂类型　　中国白茶博物馆藏

建窑茶叶末釉　束口盏　中国白茶博物馆藏

阮银牌
RUAN YINPAI

　　阮银牌，1959年出生于厦门，1982年毕业于福建省工艺美术学校装潢专业。九三学社闽南书画院副院长，厦门市银牌艺术馆馆长，厦门谊和商业道具有限公司执行董事总经理，福建省收藏家协会荣誉会长。

　　6岁开始学画，师从郑起妙、洪瑞生等名师。2016年创办了银牌艺术馆，荟萃了绘画、漆器、雕塑、陶瓷、印石、钱币等艺术精品，立足当代，以艺会友。

菊花蜜蜂　　作者：陈大羽　　尺寸：45cm×48cm

蜀江云　　作者：宋文治　　尺寸：75cm×52cm

十八罗汉（马达加斯加天然随型玛瑙）　　作者：阮银牌　　尺寸：48cm×100cm×40cm

工农兵（铜雕）　　作者：蒋朔　　尺寸：20cm×20cm/每件

残瓷重构　　作者：郑磊　　尺寸：15.5cm×12cm×12cm

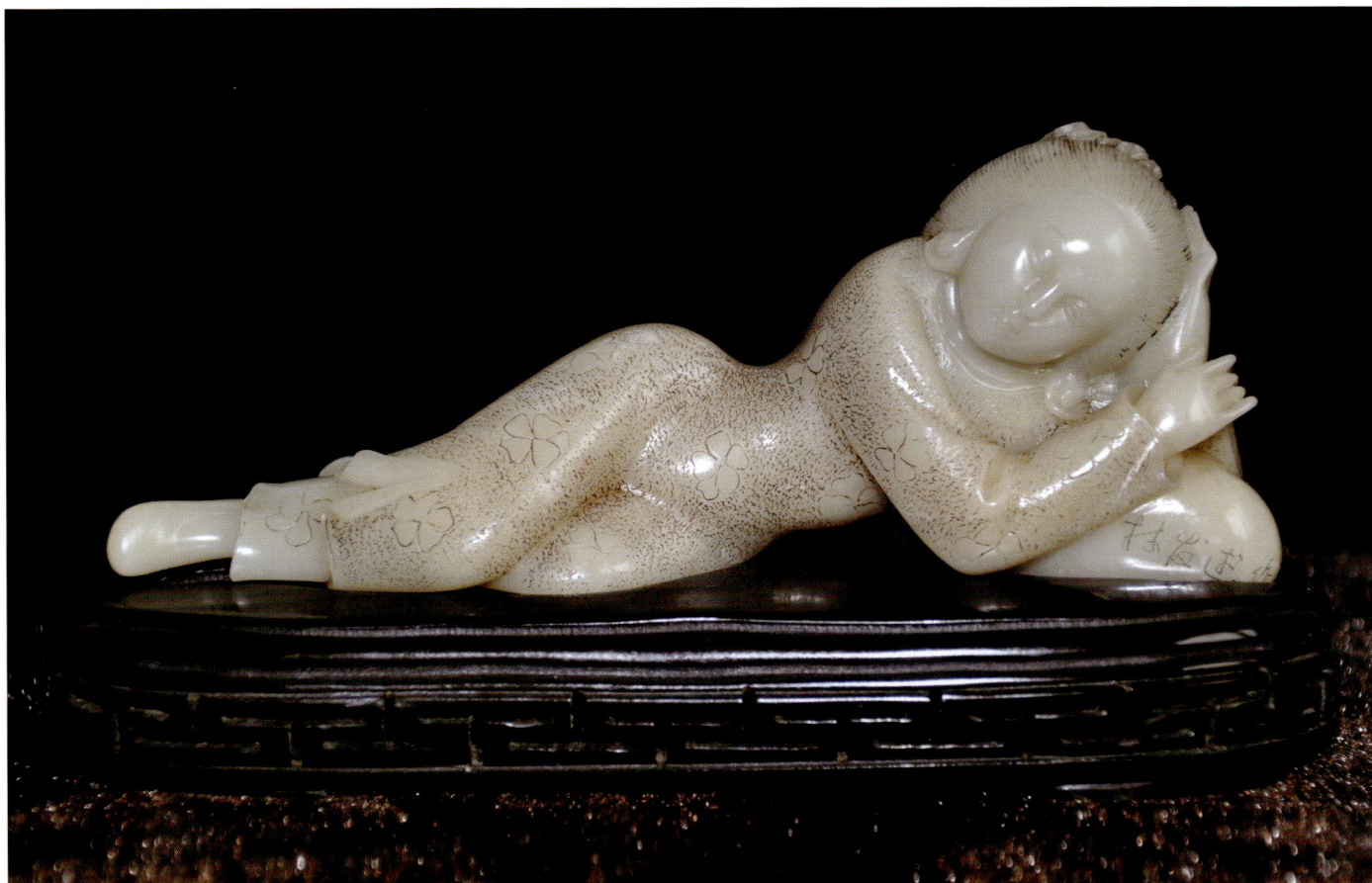

睡美人（寿山善伯石雕）　　作者：林发述　　尺寸：52cm×133cm×33cm

孙吉志
SUN JIZHI

孙吉志，1979年出生于福建厦门。现任中华台商经贸交流协会（中国台湾）福建省代表处会长，福建省收藏家协会名誉会长，福建古玩商会名誉会长，世界精英联盟（北京）国际书画院法人，福建企业艺术家协会副会长，福建海峡民间文物艺术品商会副会长，世界华人联合艺术品研究会古玉白玉研究会厦门分会会长，中国收藏家协会会员，中国名人书画家协会厦门分会会长，福建省古厝文化研究会理事，福建省文化产业促进会副会长，厦门市集美区民间文艺家协会副主席等职。

孙吉志从事收藏20余年，收藏类目繁杂，数量庞大，精品颇多。为了展示自己的藏品，孙吉志在厦门集志农庄内建有两幢私人博物馆，供国内外游客免费鉴赏。

"拔元"牌匾　　尺寸：55cm×160cm

"经魁"牌匾（楠木鎏金）　　尺寸：65cm×160cm

"书香世家"牌匾及鎏金木窗花一套

古木雕 《三战吕布》《七擒孟获》   尺寸：67cm×125cm

古木雕 《四大美女》四条屏   尺寸：99cm×41cm×4

粉彩弥勒佛　　作者：曾龙升　　尺寸：62cm×46cm×48cm

彩陶"风狮爷"　　尺寸：48cm×22cm×20cm

青石案台狮　　尺寸：19cm×12cm×9cm

衙门门当狮　　尺寸：26cm×15cm×4cm

纪兵团
JI BINGTUAN

纪兵团，厦门同安人。现任厦门亨达艺术馆馆长。

纪兵团热爱收藏木刻雕像，主要藏品为台湾雕塑家侯金水的作品，有观音、释迦牟尼、弥勒等木雕作品。

送子观音　　作者：侯金水　　尺寸：高度108cm

镏金弥勒　　作者：侯金水　　尺寸：高度90cm

大唐观音头像　　作者：侯金水　　尺寸：高度218cm

释迦牟尼头像　　作者：侯金水　　尺寸：高度179cm

释迦牟尼头像　　作者：侯金水　　尺寸：高度176cm

苏维民
SU WEIMIN

　　苏维民，出生于福建晋江，在漳州市华安县创业。现任中国观赏石协会九龙璧专委会副主任、福建省观赏石协会副会长、华安县观赏石协会会长、华安县奇石博物馆馆长、华纶房地产开发公司董事长、九龙溪旅游公司董事长，是国家观赏石鉴评师。

　　苏维民致力于玉石地产开发和九龙璧（华安玉）专业市场的建设，在华安县建有占地4万多平方米的玉石专业市场九龙璧（华安玉）奇石城。奇石城内，有占地1680平方米的华安奇石博物馆，内有藏品200多方。还有占地2500平方米的群艺馆，用作九龙璧艺术培训中心和玉石、书法、美术摄影展馆。在晋江东石，苏维民建有一栋观赏石收藏馆，收藏以九龙璧（华安玉）为主的观赏石近万方，形成了"一城三馆"（"一城"为华安县奇石城，"三馆"为华安县奇石博物馆、华安县群艺馆、晋江东石观赏石收藏馆）的藏石大格局。

悠然仙境　　尺寸：45cm×45cm×35cm

人面狮身像　　尺寸：80cm×90cm×51cm

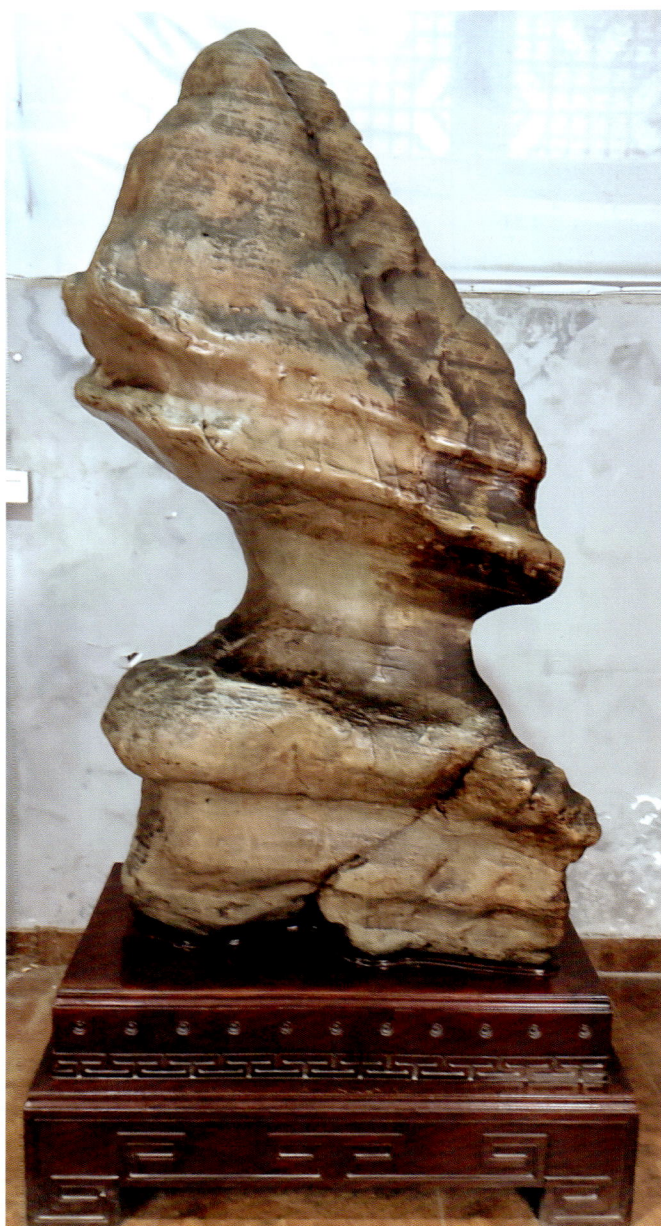

奥运圣火　　尺寸：230cm×130cm×125cm

聚宝盆　　尺寸：120cm×125cm×90cm

雁鹰　　尺寸：75cm×68cm×50cm

高山流水　　尺寸：130cm×230cm×126cm

李昆霈
LI KUNPEI

李昆霈，1968年生于福建厦门。现为厦门市鹤鸣九邦文化艺术有限公司董事长，中国收藏家协会会员，福建省收藏家协会副会长兼厦门代表处主任。曾于2016、2017、2018连续三年荣获福建省收藏家协会评选的先进个人荣誉称号。

李昆霈早年从事园林景观工程设计与施工，后专注于观赏石的收藏。雅藏各类奇石300余方，品类涵盖大化石、来宾水冲石、灵璧石、英德石、九龙璧等珍奇石种。2012年起，李昆霈还尝试收藏根雕，现藏有被誉为"根雕皇冠"的崖柏根雕，还有崖柏随形舍利根雕200余件。

龙凤呈祥　　材质：抱石崖柏　　尺寸：高300cm

凤落宝地　　　石种：灵璧石　　　尺寸：高110cm

丹凤朝阳　　　石种：广东英德石　　　尺寸：高95cm

花果山　　材质：红豆杉　　尺寸：高170cm

瑞兽　　石种：来宾水冲石黑珍珠　　尺寸：高76cm

李金柱
LI JINZHU

　　李金柱，福建永春人。中共党员。从事保险工作39年。系福建省收藏家协会常务理事兼红色收藏委员会主任。创办了泉州龙韵红色收藏馆。曾荣获"全国红色收藏之星"等荣誉称号。

　　李金柱的藏品以毛主席题材居多，主要是代表福建工艺特色的德化瓷器、福州脱胎、闽南木雕等，除此之外还有红色邮票、票证、红宝书、连环画、画册、宣传画、像章、唱片等，还有不同年代的红色笔记本、照片、报纸、电影胶片、电影机等。他还收集上山下乡知青专题、抗美援朝专题藏品，累计1100多件。如今，他收集的红色藏品种类已达25类，数量超万件，有二三米高的主席像，也有印章纽扣等。

刘胡兰（瓷器）　尺寸：高21cm

南京长江大桥（漆画）　尺寸：60cm×90cm

愚公移山（瓷器）　　尺寸：高36cm

杨子荣（脱胎漆器）　　尺寸：高58cm

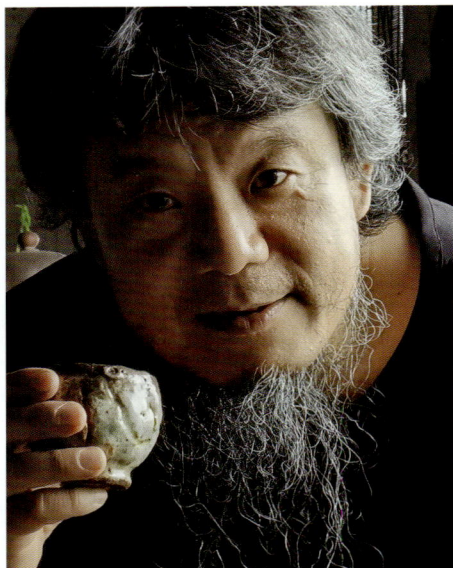

李学锋
LI XUEFENG

　　李学锋，籍贯福建厦门。毕业于福州大学，现任厦门市环亚设计装饰公司总经理、设计总监，中国室内设计学会名誉理事，是高级室内建筑师。业余研究与收藏紫砂壶。

倒把直流壶（无盖）　　作者：时大彬
尺寸：口径8.4cm，底径9.8cm，高12.5cm，长20cm

风卷葵壶
尺寸：壶直径14cm，嘴长8cm，总宽18cm，长2cm；把直径0.7cm，宽2.5cm

罐形壶　　作者：邵元祥
尺寸：口径11.8cm，宽28cm，底径12cm，高18.5cm

四方执壶　　作者：凌世侯
尺寸：口径8×7.5cm，宽21cm，底径7.4cm×7.2cm，高15cm

竹炉壶
尺寸：口径6.5cm×6.7cm，宽17.5cm，底径9cm×9.2cm，高12.5cm

高瓢壶
尺寸：口径5.8cm，宽14cm，底径5.8cm，高9.5cm

仿鼓壶
尺寸：口径8.2cm，底径8cm，高8.8cm

山水点彩德钟壶　　作者：王南林
尺寸：口径7.4cm，底径9.6cm，高11cm

点彩山水方壶
尺寸：口径7.5cm×9.4cm，底径9cm×10.5cm，高14.5cm

传炉壶（半抛光）　　作者：李宝珍
尺寸：口径7.5cm×7.5cm，底径5.4cm×5.4cm，宽18.5cm，高11.5cm

朱泥大碗　　作者：徐汝成
尺寸：直径22cm，高8cm

李勇清
LI YONGQING

　　李勇清，1982年出生于福建东山。笔名墨缘阁。资深书画展览策划人、收藏家。创办东山县墨缘阁书画交流中心。现为福建省收藏家协会会员，漳州市关帝文化交流协会会员，东山县墨缘阁书画交流中心负责人，广东韩江书画院澄海分院（东山岛）写生基地负责人。

吸燕趙秦隴勁之氣

吞江南吳越清風

甲午秋松友

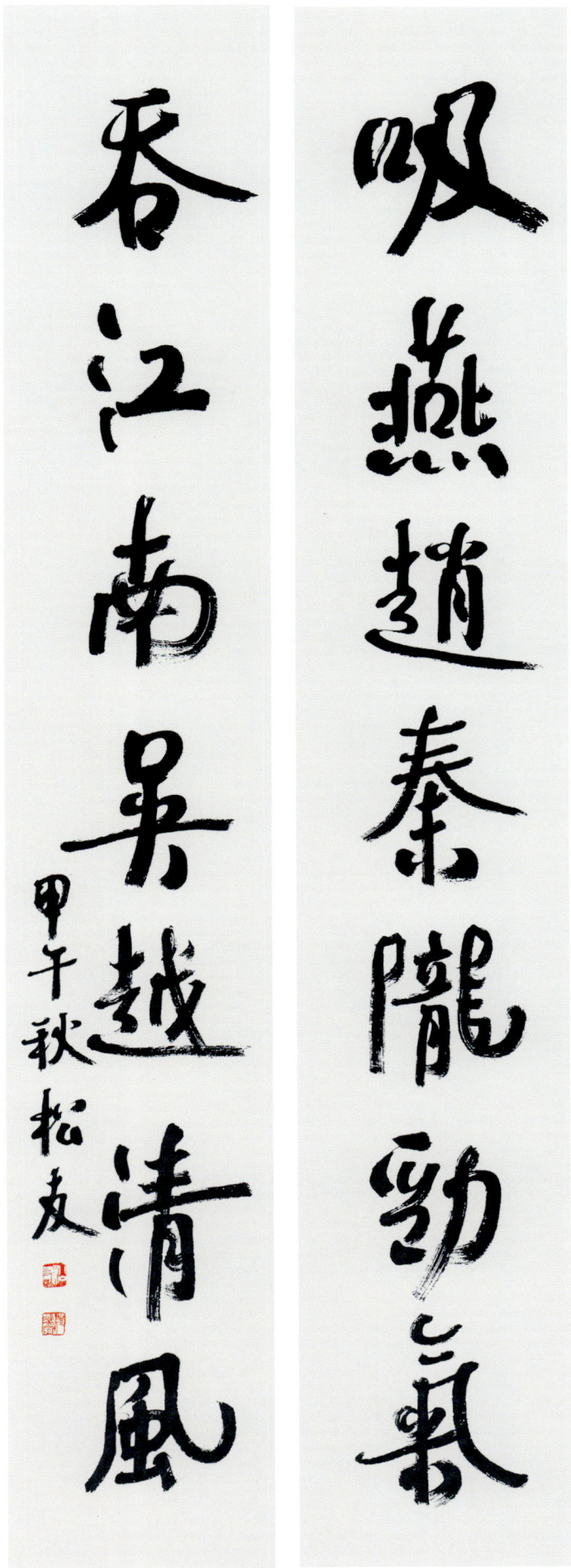

吸燕春江联　　作者：沈松友　　尺寸：172cm×30cm×2

五德吉利图　　作者：陈振春

尺寸：138cm×34cm

霜落林端万壑幽

霜落林端万壑幽　　作者：林木炎　　尺寸：69cm×45cm

数点梅花天地心　　作者：王新伦　　尺寸：48cm×45cm

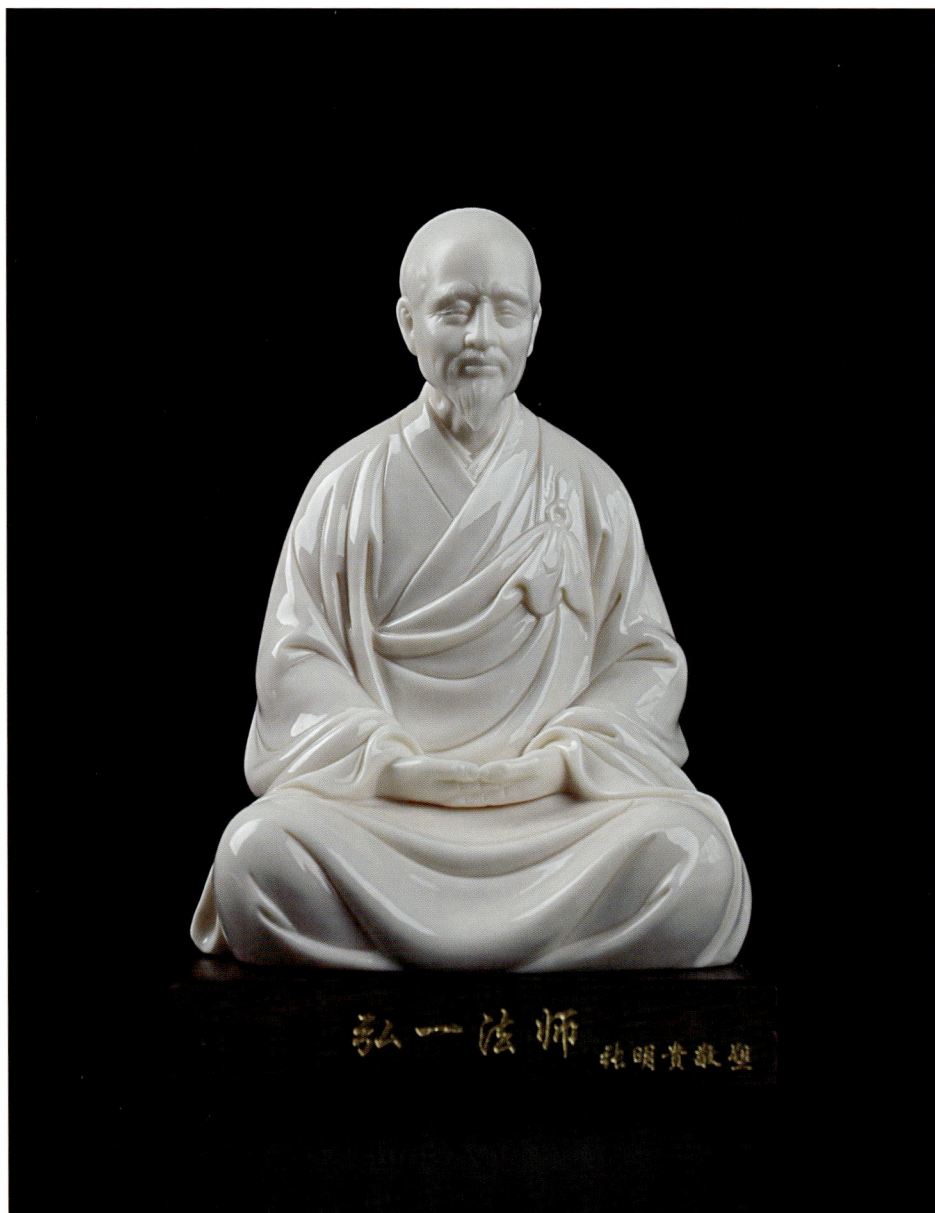

弘一法师像　　作者：张明贵　　尺寸：17cm×12cm×12cm

杨焜
YANG KUN

　　杨焜，1971年出生于河南镇平。厦门玉翠涵福珠宝有限公司董事长。现为中国人力资源和社会保障部艺术品（玉石类）鉴定评估师、中国收藏家协会会员、福建省收藏家协会荣誉会长兼厦门代表处副主任、厦门市宝玉石协会副会长。

　　杨焜专注翡翠玉器30年，专题收藏研究翡翠，常年深入广东和云南等地的翡翠成品及毛料市场学习研究，还直接进入缅甸矿区、公盘现场钻研各种毛料赌石，练就了一副"火眼金睛"，一眼就能辨别出翡翠的真假优劣、被厦门物价认证中心特聘为玉石类评估专家。

螳螂捕蝉，黄雀在后（冰种红翡摆件）　　　尺寸：28cm×38cm×18cm

观音（糯种鸭蛋绿带淡紫色摆件）
尺寸：56cm×40cm×12cm（不含底座）

观音（玻璃种俏正阳绿挂件）
尺寸：8.7cm×4.8cm×1.2cm（裸石7.5cm×4.8cm×1.2cm）

观音（玻璃种帝王绿满色挂件）
尺寸：8cm×4.5cm×1.4cm（裸石7cm×4.5cm×7cm）

玻璃种正阳绿满色男戒
尺寸：裸石2.3cm×1.9cm×1.4cm

玻璃种正阳绿满色蛋面坠
尺寸：5.3cm×3.2cm×2.2cm（裸石3.5cm×2.5cm×1.3cm）

冰种阳绿满色手镯
尺寸：内径5.8cm　条粗1.3cm

冰种辣绿满色圆珠项链
35粒珠子　尺寸：直径1.3-1.5cm

佛公（冰种正阳绿满色挂件）
尺寸：4.8cm×5.3cm×1.5cm（裸石4.3cm×4.7cm×0.75cm）

福袋（冰种正阳绿满色挂件）
尺寸：6.7cm×3.3cm×1.5cm（裸石5.4cm×3.3cm×0.75cm）

杨维凡
YANG WEIFAN

　　杨维凡，又名杨锴，号九鲤湖草堂居士、松林草堂居士、仙游木兰溪畔人。祖籍福建仙游，1946年出生于重庆，1980年移居澳门。国家一级美术师，著名山水画家。系北京东方艺术天地艺术顾问，港澳台美协理事，福建美术家协会会员，珠海美术家协会会员，澳门颐园书画会艺术顾问，澳门厦门联谊总会副监事长等。

　　杨维凡出身于书香门第、绘画世家（父亲杨夏林系福建籍印尼归侨，为中国著名山水画家、美术教育家。母亲孔继昭为中国著名工笔画家、美术教育家，孔子六十九世孙）。绘画得父亲"杨家山水"的真传。移居澳门后又得岭南派山水画大师关山月、黎雄才、赵少昂等大师的精心指导，中国山水画的构图和绘画技法大为提高。其画风大气磅礴、章法奇峭、法承前人、中西结合，并将"杨家山水"的榕树、大海、岩石等独特画法发扬光大，被誉为新一代"中国画榕树王""中国画大海一绝"。

　　杨维凡除了藏有其父母杨夏林和孔继昭各时期的精品字画外，还藏有傅抱石、李可染、林风眠、黄君璧、黎雄才、潘天寿、吴茀之、沈尹默、关良、潘韵、邓白等名家的字画。

鹭江渔火
一九五六年
鼓浪屿 夏林

鹭江渔火　　作者：杨夏林　　1956年　　尺寸：96cm×66cm

乱石崩云　　作者：杨夏林　　1986年　　尺寸：96cm×66cm

峭峰苍虬　　作者：杨夏林　　1992年　　尺寸：96cm×66cm

武夷山胜景　　作者：杨夏林　　1979年　　尺寸：178cm×96cm

上寿图　　作者：孔继昭　　1979年　　尺寸：95cm×66cm

杨维聪
YANG WEICONG

杨维聪，1982年生于福建漳浦。福州大学土木工程系毕业后从事路桥工程工作，后下海经商，创办厦门安易居茶业有限公司、厦门谷万千餐饮管理有限公司、可以谈（厦门）科技有限公司。现任厦门安易居茶业有限公司总经理，可以谈（厦门）科技有限公司董事长。系中国收藏家协会会员，福建省收藏家协会会员。

杨维聪早年受父辈影响，收藏字画、紫砂壶和古瓷。后介入茶叶贸易，专注于普洱茶老茶的研究与收藏。常年往返于台湾、香港，从事普洱茶和早期回流紫砂壶、古董藏品的贸易，大量回流早期销台销港陈年普洱茶、紫砂一厂壶、老坑名家寿山石和各类古玩杂件。2006年在厦门思明区禾祥西路创办"厦门老茶铺"，作为老茶爱好者的交流中心。

20世纪50年代大字绿印青饼

20世纪50年代大红印青饼

20世纪70年代中期7572青饼

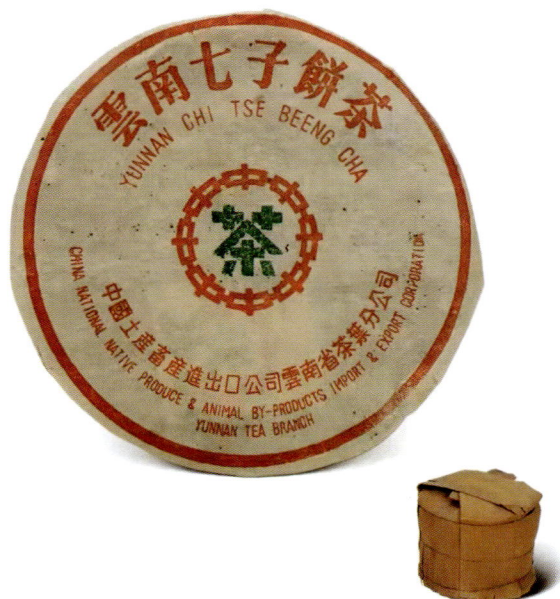

20世纪80年代中期厚纸7542青饼

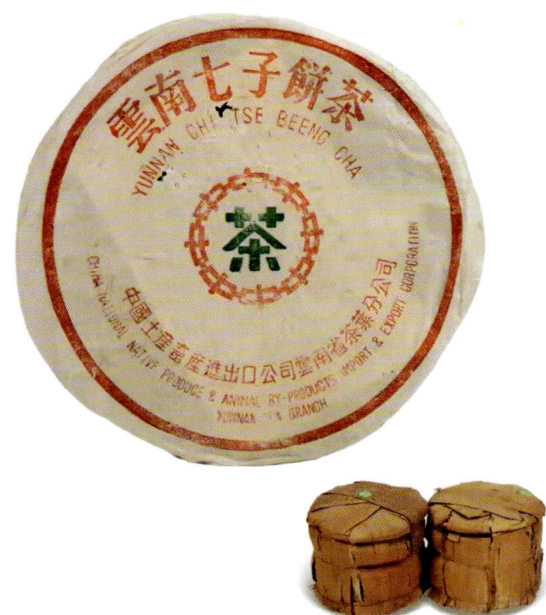

20世纪80年代中后期厚纸商检8582青饼

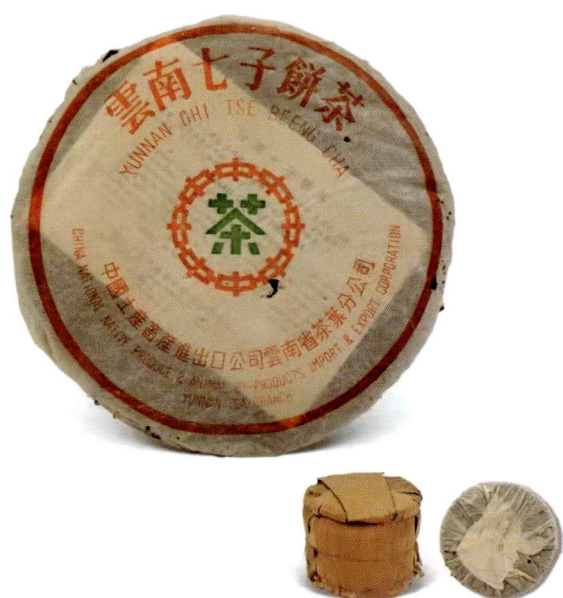

1988年青饼

勐海茶厂1996年紫大益青饼

陈国义1996年易武真淳雅号

1997年水蓝印青饼

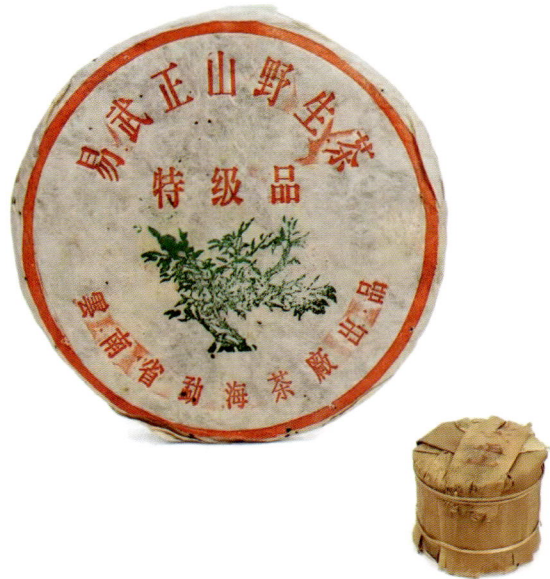

1999年绿大树（黑票）青饼

2003年班章四星青饼大白菜

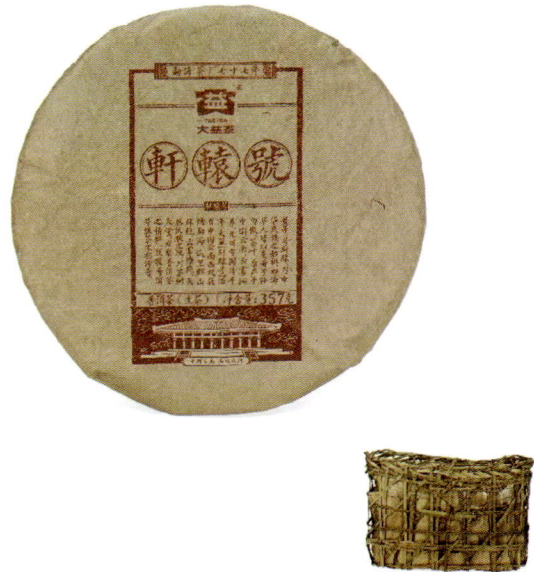

勐海茶厂2017轩辕号（1701批次）

扁婴壶

柏树蛤蟆壶

吴志勇
WU ZHIYONG

吴志勇，1978年出生，毕业于福建师范大学艺术系。高级技师，正高级工艺美术师，一级非物质文化遗产代表性项目（瓷烧制技艺）代表性传承人，中国传统工艺美术青年大师，国家一级陶瓷工艺师，福建省工艺美术大师，福建省陶瓷艺术大师，福建省技能大师工作室领衔人。系福建省职工艺术家，福建省轻工八闽工匠，福建省陶瓷行业技术能手，国家职业技能鉴定高级考评员，泉州市技能大师，泉州市十佳工艺美术大师，第十二届福建省青联委员，厦门市政协特邀研究员，福州大学工艺美术研究院研究员，泉州市工商联常委，德化县政协常委。

多次被中央电视台"鉴宝"栏目邀请。2019年被厦门市人力资源和社会保障局授予吴志勇技能大师工作室荣誉称号；2019年，其作品（共计35尊）被中国美术馆永久收藏。2020年被福建省人力资源和社会保障厅授予吴志勇技能大师工作室荣誉称号，泉州市高层次人才，泉州市"五四"青年奖章，德化县陶瓷行业领军人才。2005年创办德化县建窑陶瓷研究所，培养技师、工艺美术师累计30多人。该所是泉州市工艺美术学院培训学习基地、福建省众创空间、泉州市科技孵化器。

获国家级奖项35项，省级奖项18项，市级奖项3项。作品被中国美术馆等国家级馆藏35件，省级馆藏19件；获发明专利3项，实用新型专利8项，外观设计专利10项，版权218项。出版个人专著1本，发表论文8篇；获个人荣誉称号15项，获得政府奖励5次。

大爱　　尺寸：55cm×69cm×30cm

坐岩如意弥勒　　尺寸：47cm×55cm×31cm

三十三态·圆光　　尺寸：23cm×13cm×12cm

如意吉祥　　尺寸：41cm×17cm×17cm

刘海戏金蟾　　尺寸：33cm×22cm×13cm

文昌君　　尺寸：46cm×24cm×20cm

渡海观音　　尺寸：47cm×20cm×15cm

自在观音　　尺寸：44cm×25cm×15cm

静　尺寸：43cm×27cm×15cm

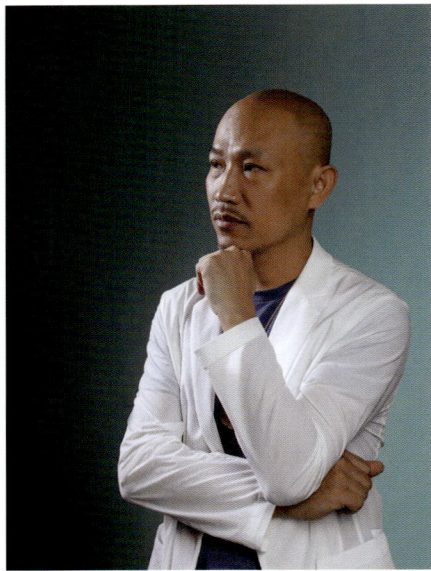

吴国水
WU GUOSHUI

  吴国水，别称阿路，1977年生，斋号弗居，号弗居山人。现为中国玉文化研究会理事，杨建芳师生古玉研究会成员，中国文物学会成员，国内多家拍卖行玉器顾问。

  吴国水专注中国玉器鉴赏与收藏20余年。2017年在厦门海沧举办"中国古代玉器"专题展览，2018年在北京湛然国际拍卖有限公司举行"不如无念"中国古代玉器专场拍卖。

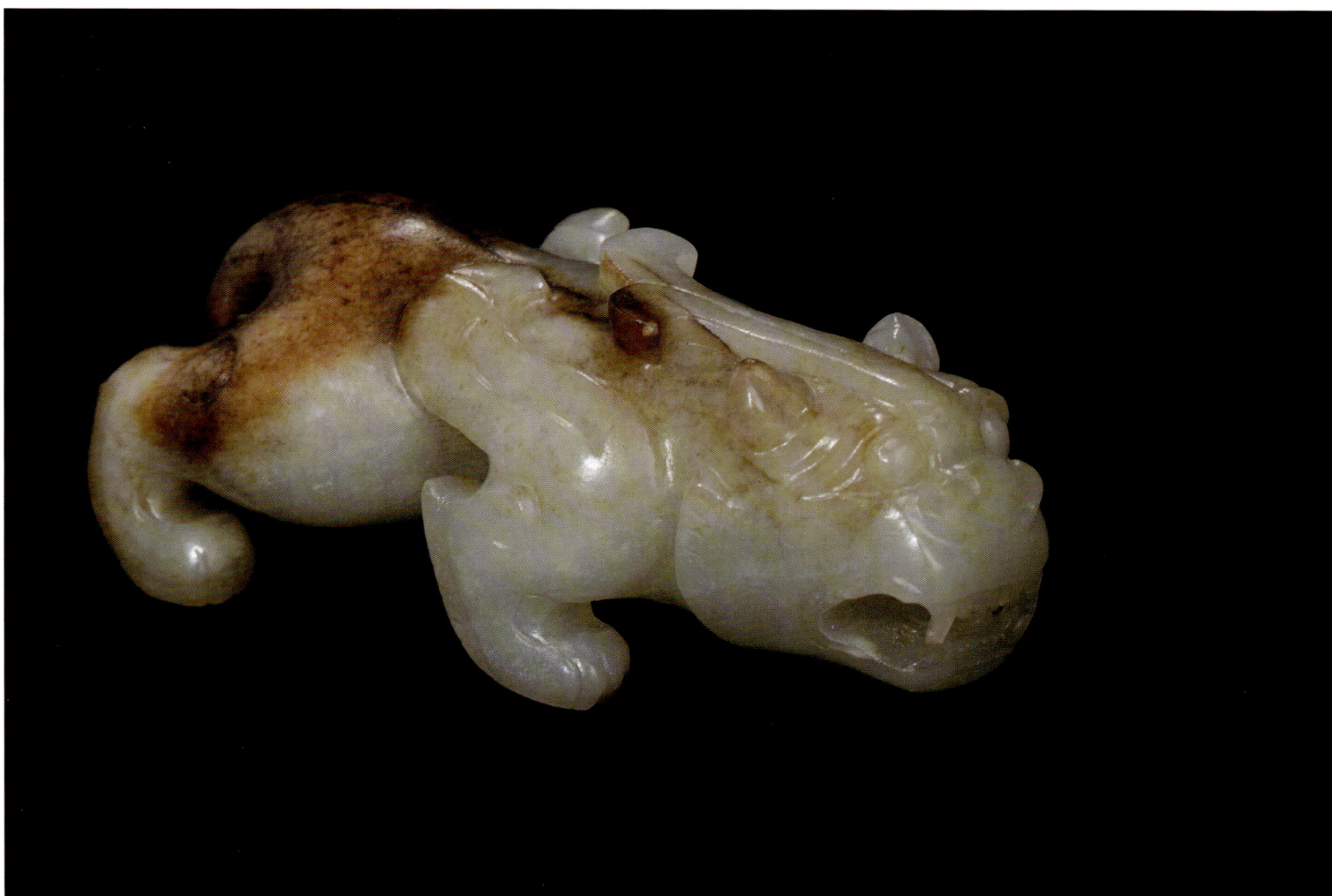

白玉褐沁辟邪　　尺寸：2.8cm×6cm×2cm

青白玉龙凤人纹玉佩　　尺寸：5.2cm×8.6cm×0.4cm

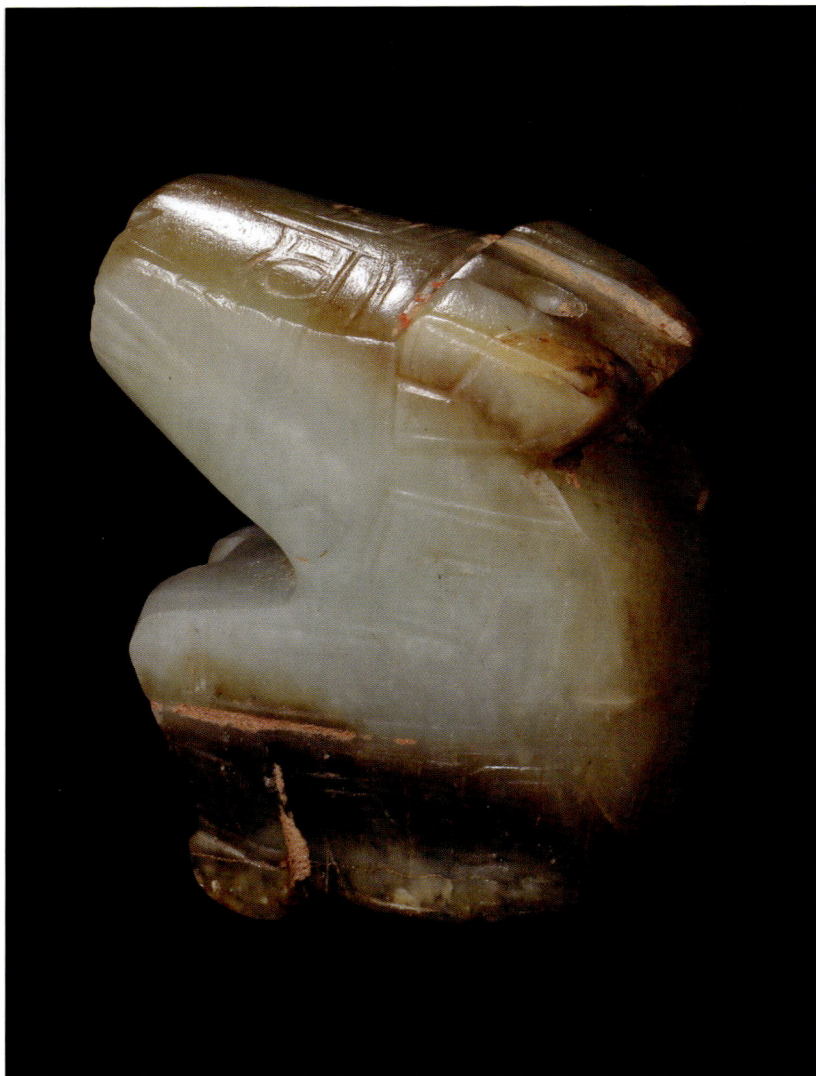

白玉褐沁熊　　尺寸：3.9cm×3cm×2.4cm

兽面琮型勒

兽面琮型勒　　尺寸：3.8cm×1.8cm×1.8cm

勾云玉佩　　尺寸：6.5cm×9.2cm×0.4cm

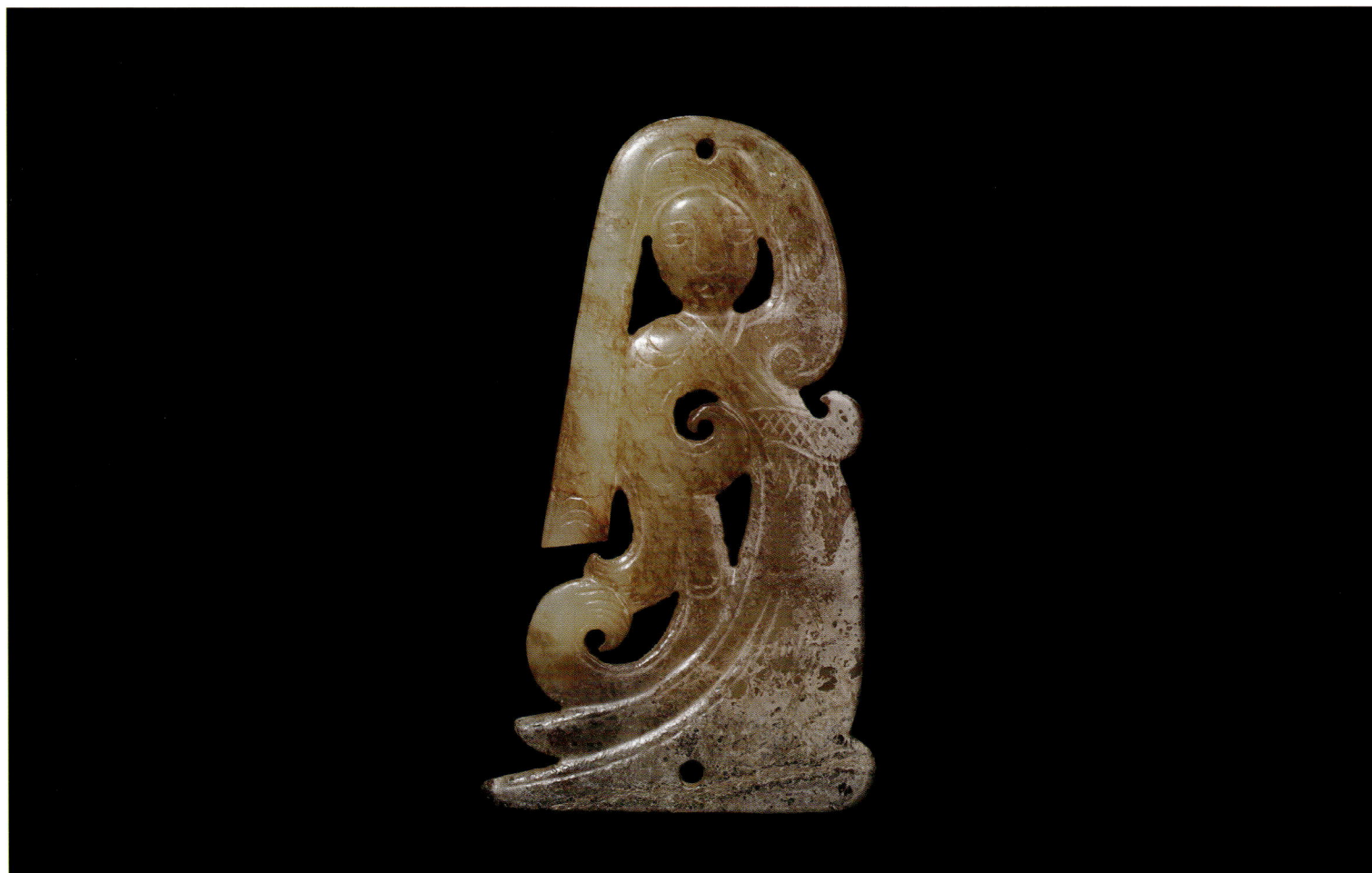

白玉铁沁舞人佩　　尺寸：5.6cm×3.0cm×0.5cm

吴经国
WU JINGGUO

吴经国，1946年出生于重庆。系厦门奥林匹克博物馆创办人、馆长。曾任国际奥委会执行委员、国际拳击联合会主席、国际奥林匹克学院委员会委员、1988年长野冬运会协调委员会委员、奥运改革委员会委员、国际奥委会文化教育委员会委员、国际奥委会文物珍藏委员会委员及主席、国际奥委会文化及奥林匹克传承委员会主席、2008年北京奥运会协调委员会委员及工程组召集人、2016年奥运城市评估委员会委员、2016年里约热内卢奥运会协调委员会委员、2022年北京冬季奥运会协调委员会委员、亚洲运动舞蹈总会荣誉主席。

吴经国致力于搜集及保存奥运会纪念册，在厦门、天津及南京分别创建了奥林匹克博物馆。在天津创建了萨玛兰奇纪念馆，以纪念国际奥委会前主席萨玛兰奇对国际体坛的贡献，并倡导奥林匹克精神，传承奥林匹克文化。

"奥运会有开始，有结束，但博物馆永远没有结束，要永远向前进。"吴经国表示，博物馆其实就像一场永不闭幕的奥运会，"希望通过这些藏品，让那些没有经历过奥运会的人，让我们子孙后代都能感受到奥林匹克的精神和魅力"。

吴经国从事国际体育事务多年，深受各界肯定，多次获得勋章及荣誉称号。

历届奥运会火炬

历届奥运会奖牌

历届奥运会吉祥物

历届奥运会海报

历届奥运会徽章

北京市钥

金色委员挂牌

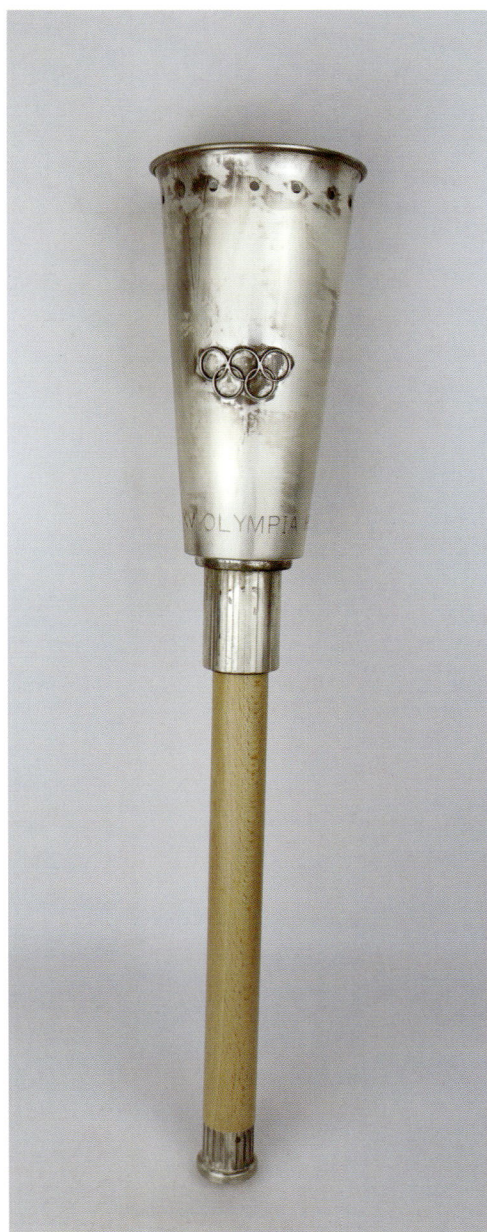

1952年赫尔辛基奥运会火炬

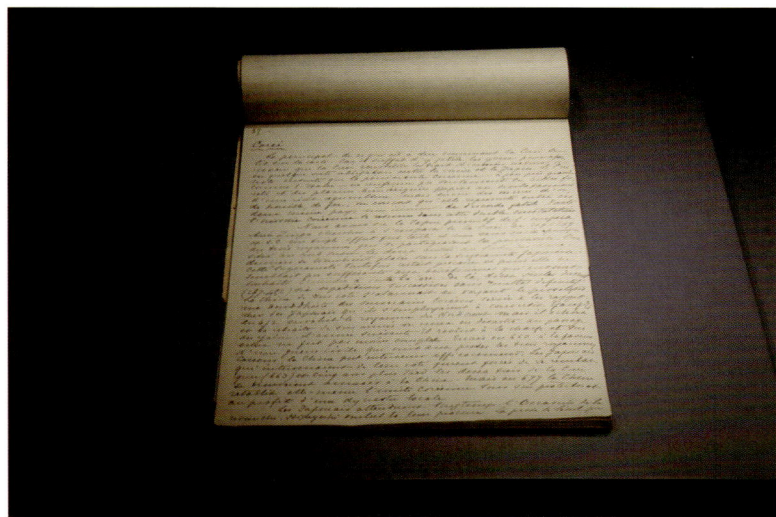

顾拜旦手稿

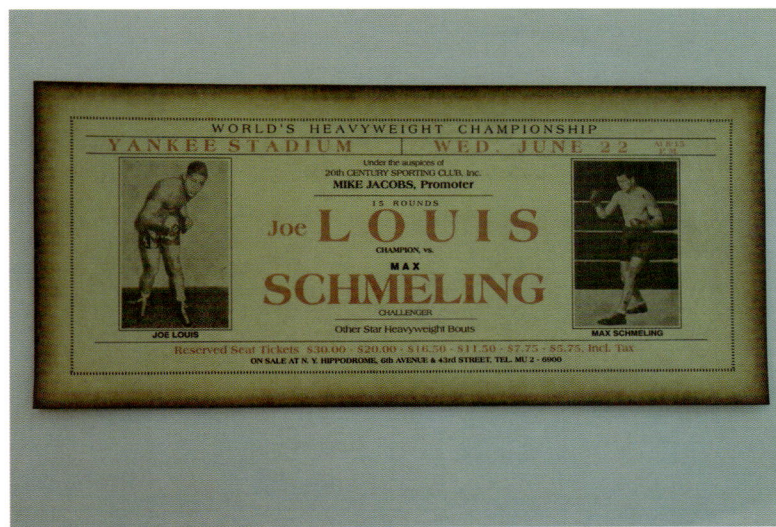

1936年世界重量级拳击冠军挑战赛海报

吴锡康
WU XIKANG

　　吴锡康，福建晋江人，20世纪90年代移居香港。系著名策展人、职业画家，师承保国安。现为中国管理学院客座教授，中国管理学会会员，中国收藏家协会会员，福建省收藏家协会常务理事兼厦门代表处副主任，厦门海峡书画产业协会副会长，香港美仑酒店管理公司董事长，香港新闻出版社摄影报记者，厦门中尚文化传媒运营总监。

　　吴锡康策划出版了《惠村笔记》（岭南出版社）、《中国实力派画家》（中国文化出版社）等。荣获福建收藏文化先进个人贡献奖，多次被评选为福建省收藏家协会先进个人、积极分子，在投资收藏领域被誉为"中国木刻版画第一藏家""艺术品股票投资第一人"。

　　吴锡康是目前中国收藏黑白木刻版画数量最多、品种最全的藏家。他深受"中国现代版画之父"鲁迅先生的影响，30年来收藏了大量版画家作品，形成了融贯东西，兼具现实主义风格和民族风格的中国木刻版画艺术谱系。

农活学习两不误　　作者：王琦　　尺寸：12.5cm×16.5cm

刘志丹与赤卫兵　　作者：古元　　尺寸：67.5cm×51cm

失业工人　　作者：胡一川　　尺寸：19cm×26cm

中朝人民军胜利会师　　作者：李桦　　尺寸：21.5cm×31.5cm

当敌人搜山时候　　作者：彦涵　　尺寸：22cm×18.5cm

粮丁去后　　作者：李桦　　尺寸：31.5cm×21.5cm

拥护咱们老百姓自己的军队　　作者：古元　　尺寸：37.5cm×27cm

抢粮　　作者：彦涵　　尺寸：17cm×25.5cm

吴端漫
WU DUANMAN

　　吴端漫，1971年生于福建。系福建省顺源阁文化发展有限公司董事长，中国收藏家协会会员，福建省收藏家协会名誉会长，苏州市玉石文化业协会常务理事，高级珠宝鉴定师。

　　吴端漫主要收藏成品新疆和田玉。他创立的福建顺源阁文化发展有限公司目前在新疆和田地区拥有和田玉开采基地，在上海、苏州、广东、新疆等地拥有多家和田玉产品研发生产加工基地。

新疆和田玉（一）

新疆和田玉（二）

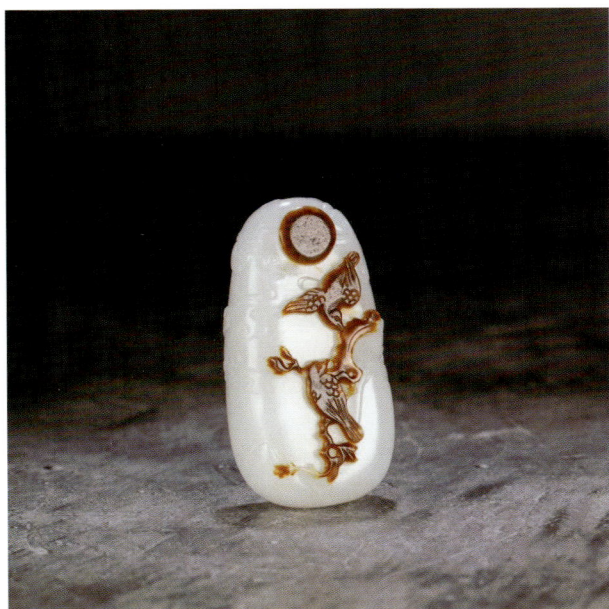

新疆和田玉（三）

新疆和田玉（四）

新疆和田玉（五）

新疆和田玉（六）

新疆和田玉（七）

新疆和田玉（八）

新疆和田玉（九）

新疆和田玉（十）

新疆和田玉（十一）

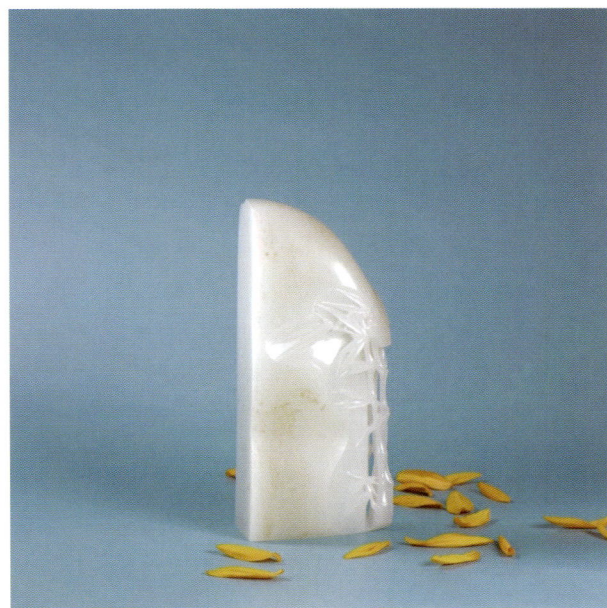

新疆和田玉（十二）

吴耀忠
WU YAOZHONG

吴耀忠，1964年出生于福建厦门。早年留学日本，专修艺术理论。研究生毕业后归国，至清华大学美术学院学习艺术鉴赏及经营管理。是中国就业培训技术指导中心认证的艺术品评估师及艺术鉴定师，也是国际注册高级珠宝古玩鉴定师。现任厦门收藏家协会名誉会长。专注于收藏中国工艺美术大师作品，包括辜柳希、林庆财、徐秀棠等名家的作品。

人物　　材质：铜　　尺寸：50cm×31cm×30cm

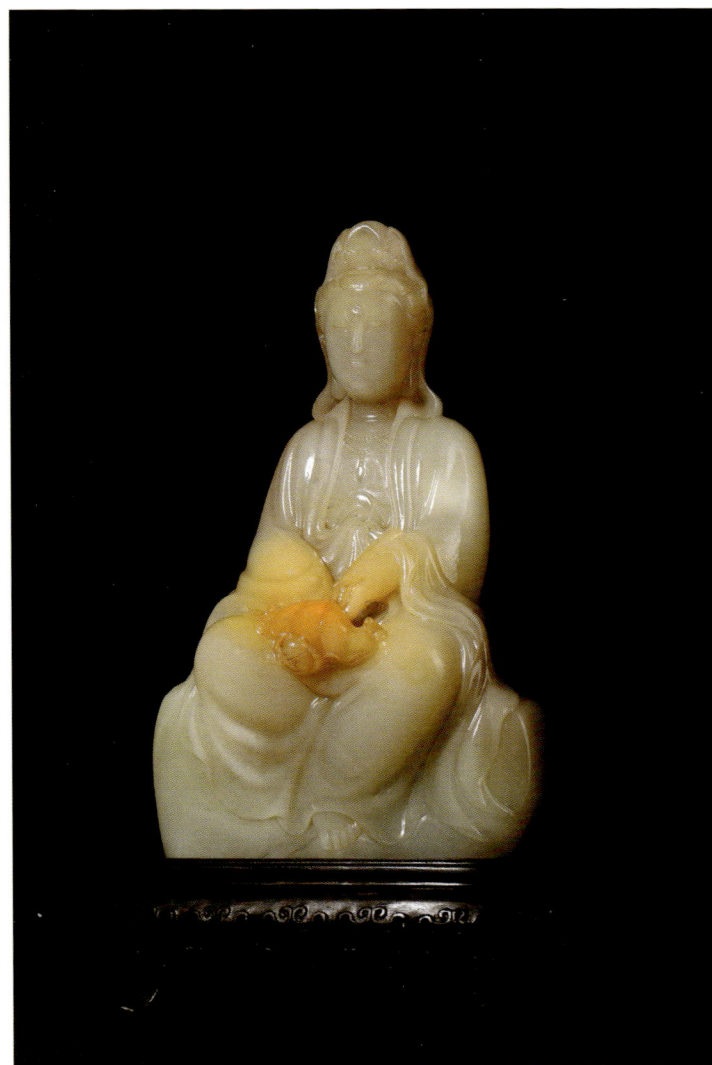

观音雕像　　石种：寿山石　　尺寸：29.5cm×15cm×8cm

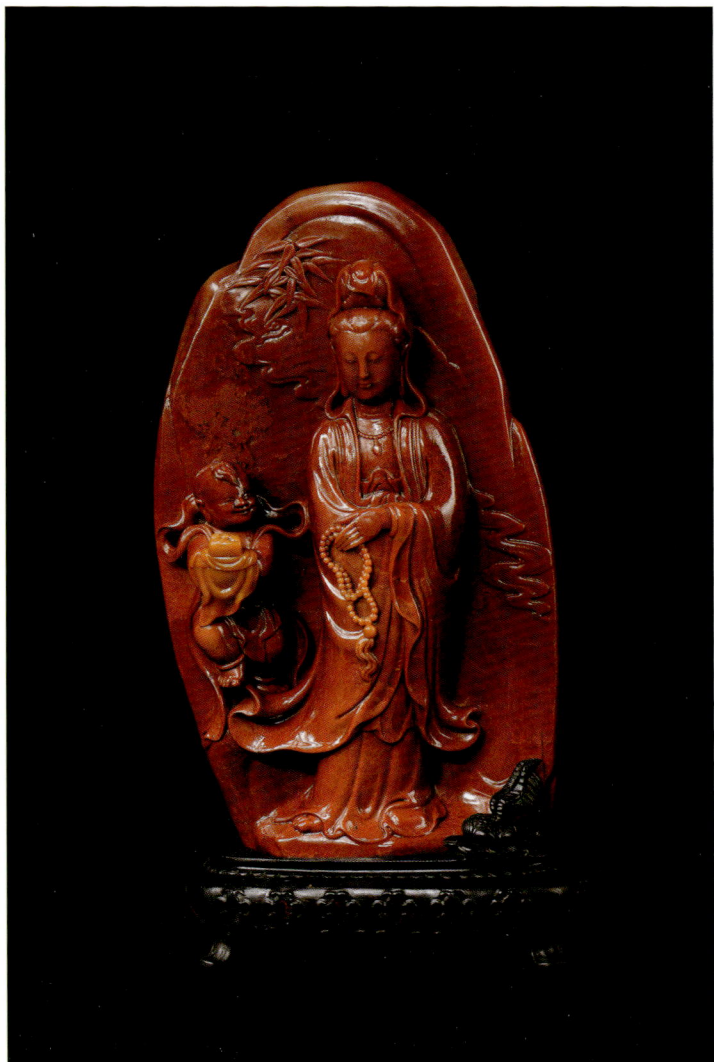

观音坐像　　石种：寿山石　　尺寸：22cm×14cm×7cm

钟馗雕像　　石种：寿山石　　尺寸：16cm×10cm×6cm

弥勒佛雕像　　石种：寿山石　　尺寸：20cm×11cm×9cm

落地大座屏　尺寸：240cm×160cm×60cm

观音坐像　石种：寿山石　尺寸：19cm×12cm×6cm

邱泽林
QIU ZELIN

邱泽林，1989年出生，现定居泉州。是汉侯众创空间科技带头人，汉侯博物馆副馆长。汉侯众创空间是泉州市级（示范）众创空间、福建省级众创空间、泉州市青年创业示范基地。

邱泽林2021年获"全市优秀共产党员"称号，还获得了"南安市工艺美术大师"荣誉称号、"泉州青年五四奖章"。

邱泽林主要收藏瓷器，以德化白瓷居多。德化白瓷瓷质如脂似玉，光滑细腻，釉面晶莹光亮，有"中国白"之美誉。

济公斗蟋蟀
·周雅各

济公斗蟋蟀　　作者：周雅各　　尺寸：高约27cm

元·德化窑
龙纹军持

龙纹军持　　尺寸：高约20cm

中国工艺美术大师·苏清河

泰国佛

泰国佛　作者：苏清河　尺寸：高约40cm

明·德化窑

渡海观音·何朝宗

渡海观音　作者：何朝宗　尺寸：高约37cm

渡海观音　　作者：许兴泰　　尺寸：高约88cm

中国陶瓷艺术大师·许兴泽

披坐观音

披坐观音　　作者：许兴泽　　尺寸：高约27cm

邱晓东
QIU XIAODONG

　　邱晓东，闽南知名中医及收藏家，执业中医师、执业中药师。出生于闽派传统中医世家，祖辈曾经远渡南洋在印尼三宝垄创办企业并悬壶济世，在当地如有华人求助或华人求医问药分文不收，因爱国思潮影响，在新中国成立后举家迁回祖国。曾主持厦门经济交通广播电台"智慧养生"栏目8年，为广大听友提供高质量的公益养生知识。2020年，邱晓东被认定为海沧区非物质文化遗产代表性项目（中草药香制作技艺）传承人。

　　邱晓东是福建省收藏家协会早期会员，主要收藏古医籍、历代瓷器、清代及民国的邮品等。其中古医籍有1000册左右，大多为清代版本。藏有厦门工部局邮票60余枚，上海、南京、武汉、福州、九江、宜昌、烟台等工部局邮票900余枚，还收藏有清代大龙邮票，小龙邮票，慈禧寿辰、蟠龙邮票，西藏加盖蟠龙邮票，溥仪登基纪念邮票，欠资邮票等8000余枚。

民国元年（1912）《本草医方合编》一套五本

清代医科专著《眼科大全》一函五本、《幼科三种》一套三本

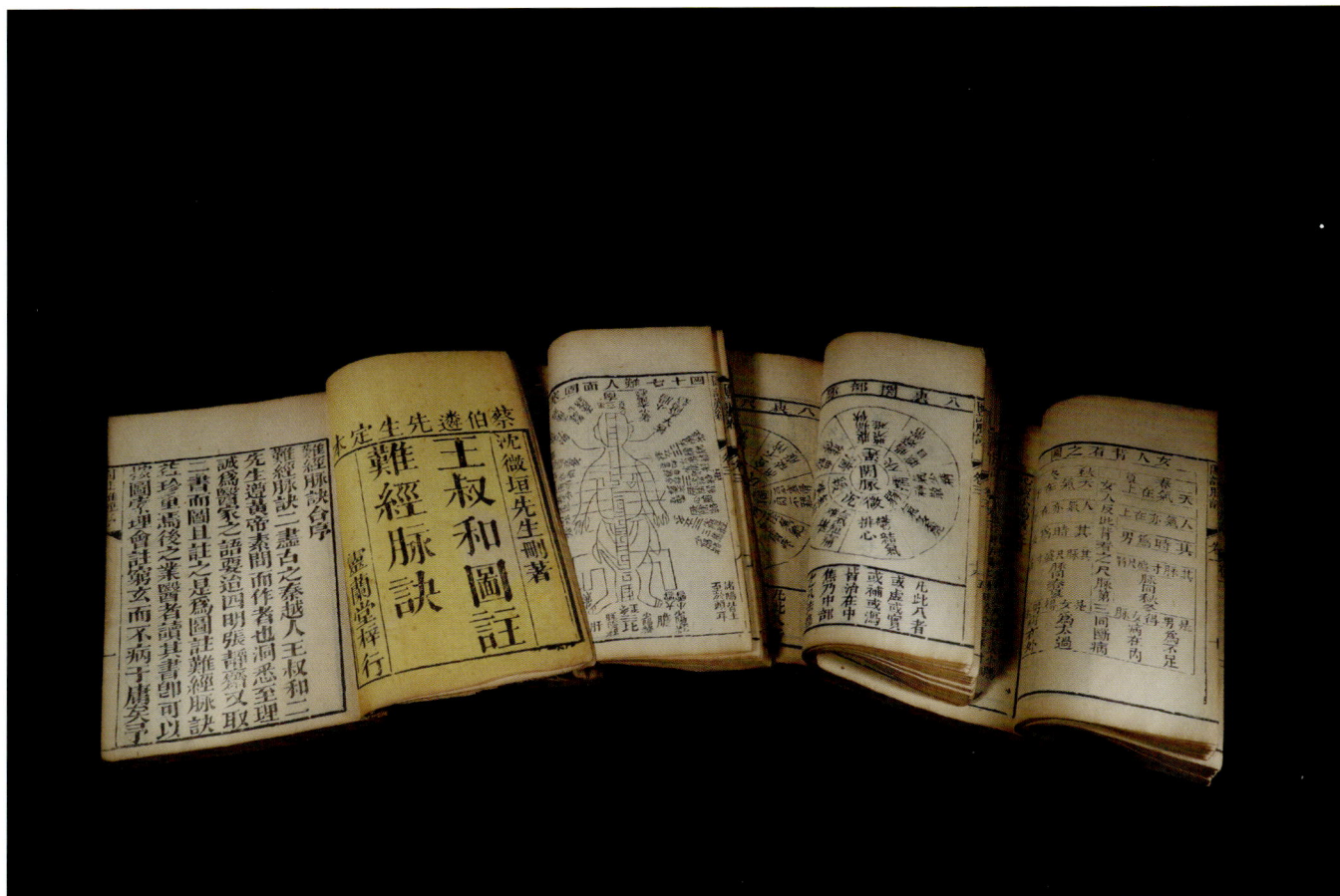

清代《王叔和图注难经脉诀》一套四本

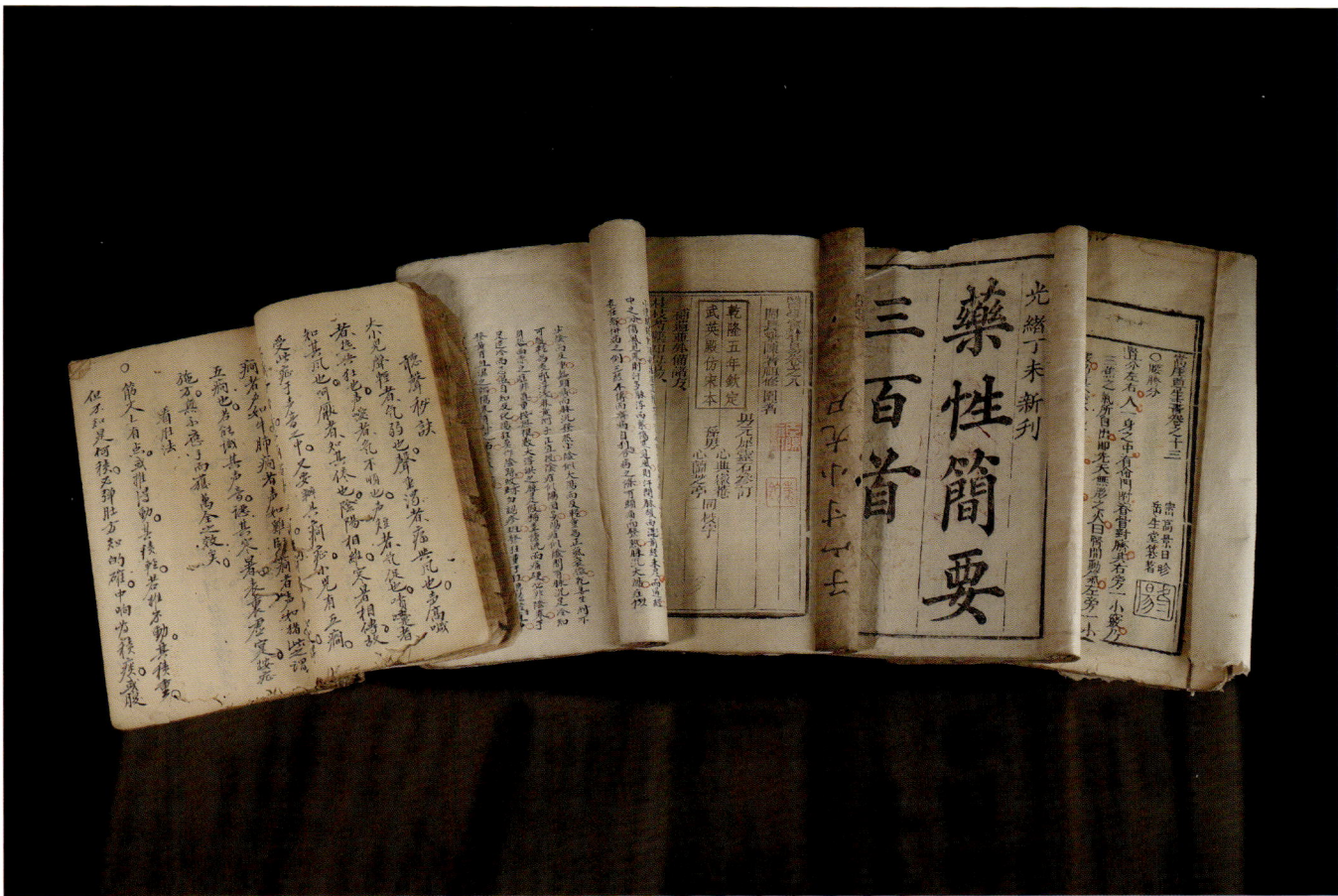

清代医籍手抄本及专著单行本

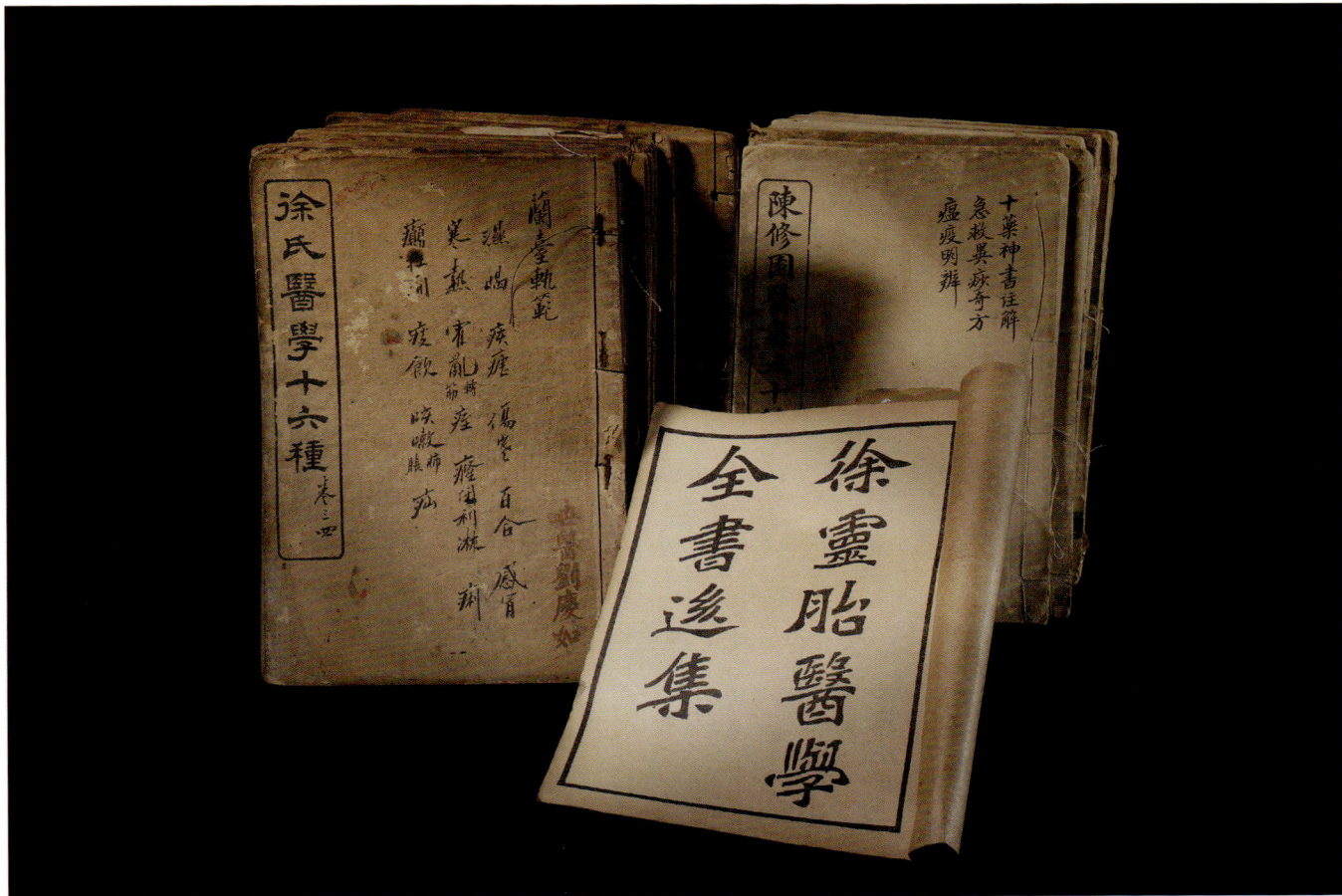

清代《徐氏医学十六种》一套十六本、《陈修园医书五十种》二十八本

何爱群
HE AIQUN

何爱群，1961年生于福建东山。系福建省东山栃才房地产开发有限公司董事长。为中国收藏家协会会员，福建省收藏家协会第五、第六届名誉会长。

从事收藏38年，主要收藏玉器、青铜器、瓷器、字画等。现有藏品大约500件。

和田玉螭凤纹活环瓶（三件套）　尺寸：通高26cm，通耳宽18cm

青花十八学士婴戏纹花觚一对
尺寸：口径22.3cm，底径14.1cm，高46.3cm

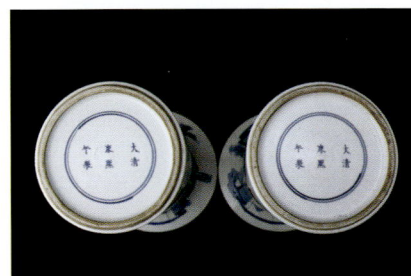

青花人物故事图方棒槌瓶一对
尺寸：口径15.2cm，底径5cm，高53.3cm

凤鸟螭龙兽面纹衔环兽首铜熏炉（有铭文）
尺寸：口径12.9cm，高38cm

洒蓝釉青花"福寿"开光花鸟人物纹棒槌瓶
尺寸：口径9.8cm，底径10.8cm，高40.5cm

青花釉里红铜雀台比武图棒槌瓶
尺寸：口径12cm，底径13.1cm，高47.1cm

沈洪龙
SHEN HONGLONG

沈洪龙，字鸿龙，号文远斋主，书画家，收藏家。1964年出生于福建诏安。诏安历代文风昌盛，艺术繁荣，名家辈出，翰墨飘香。沈洪龙从小酷爱丹青，习书绘画，刻苦钻研，笔耕不辍，卓然成家。现为福建省美术家协会会员，厦门市美术家协会理事，沈耀初国画研究会副会长，民盟厦门市委员会委员，厦门市民盟美术院副秘书长，中国收藏家协会会员。

沈洪龙收藏了大量名家书画作品。如董其昌书法册页、弘一法师对联，以及吴湖帆、丰子恺、启功等名家的作品。同时藏有当代福建本土著名书画家沈耀初、陈子奋、郑乃珖等人的书画作品。2018年6月23日，沈洪龙、陈淑津夫妇在厦门美术馆成功举办"文远斋收藏著名画家王仲谋百幅作品展"；2018年12月15日，在厦门美术馆举办"张人希百年诞辰名家作品收藏展"。

沈洪龙在古家具方面也收藏颇丰，藏有清代广式精品螺钿家具上百件，如清代螺钿镶嵌条案桌、清代螺钿镶嵌八仙桌、清代螺钿镶嵌宝座、清代螺钿镶嵌太师椅（全厅）、清代螺钿镶嵌化妆珠宝盒等，藏品具有很高的艺术价值和收藏价值。

卧阴　　作者：沈耀初　　尺寸：70cm×66cm

自得　　作者：沈耀初　　尺寸：41cm×44cm

垂柳八哥　　作者：沈耀初
尺寸：138cm×44cm

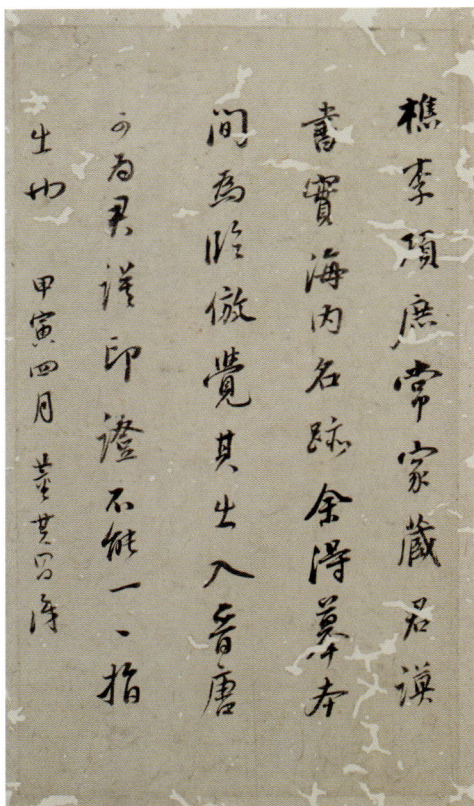

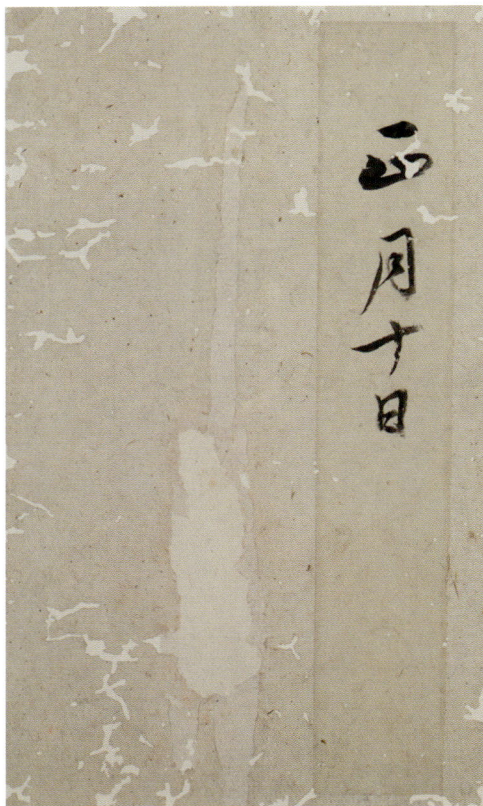

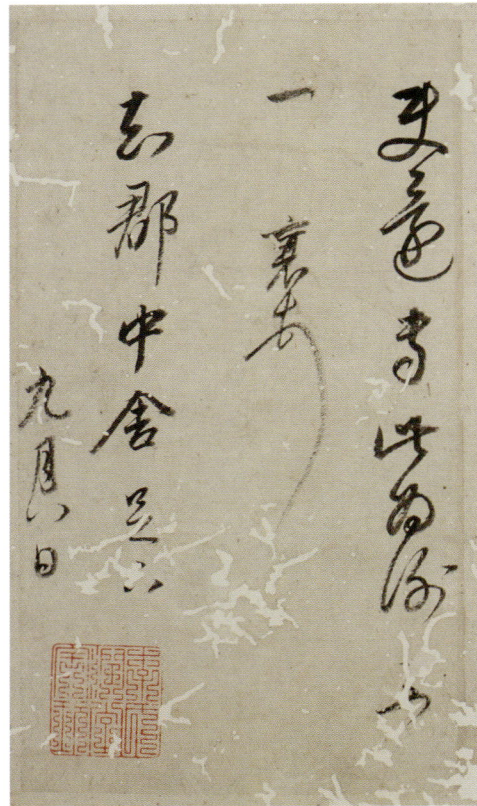

临蔡襄《京居帖》　　　作者：（明）董其昌　　　尺寸：26cm×15cm×6

临蔡襄《京居帖》

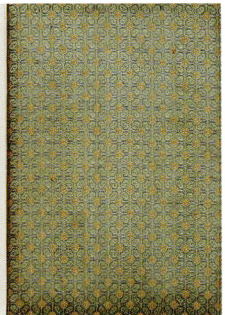

襄啓 去德于今盍已
游歲京居鮮暇無
因玫書常增馳系

州校遠來特承
手續萬賠楷幅感
歲之極 海瀨多暑

秋氣素清
君益為靖多況
眠食自重以呈遠懷

沈耀明
SHEN YAOMING

　　沈耀明，1952年出生于福建诏安，号墨缘居主人。中国收藏家协会会员，福建省美术家协会会员，厦门大学诏安画派研究中心研究员，漳州市政协文史研究员，漳州市第十五届人大代表，诏安县第十届政协常委，诏安县第十四、十五届人大常委，诏安县书画收藏学会会长。

　　沈耀明致力于书画收藏与理论研究。多次举办个人书画收藏展，如"珍藏名家书画展""中国古代书画作品展""诏安历代书画藏品展""墨缘居藏品展"等。注重诏安画派的研究，多次被邀演讲，并在中央电视台国际频道"国宝档案"栏目介绍"诏安画派"。1996年，他与藏友组织成立了"诏安县书画收藏学会"，并被推选为首任会长，连任四届。如今，学会的收藏队伍不断壮大，成为诏安艺坛的一道亮丽景观。

書法對聯　作者：（明）徐州　紙本紅箋
尺寸：148cm×28cm×2

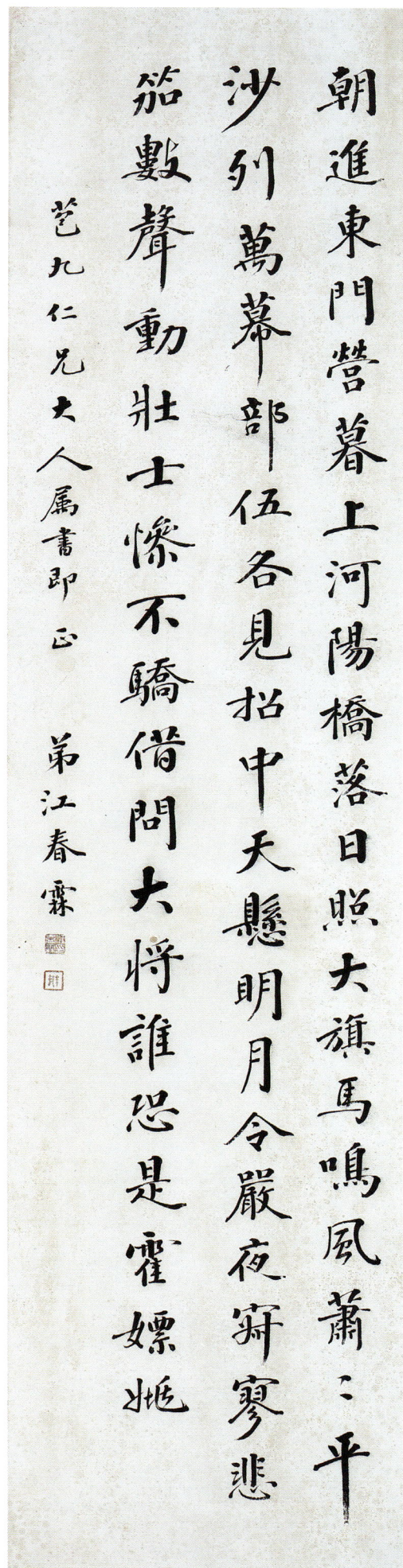

楷書詩軸　作者：（清）江春霖　紙本
尺寸：170cm×43cm

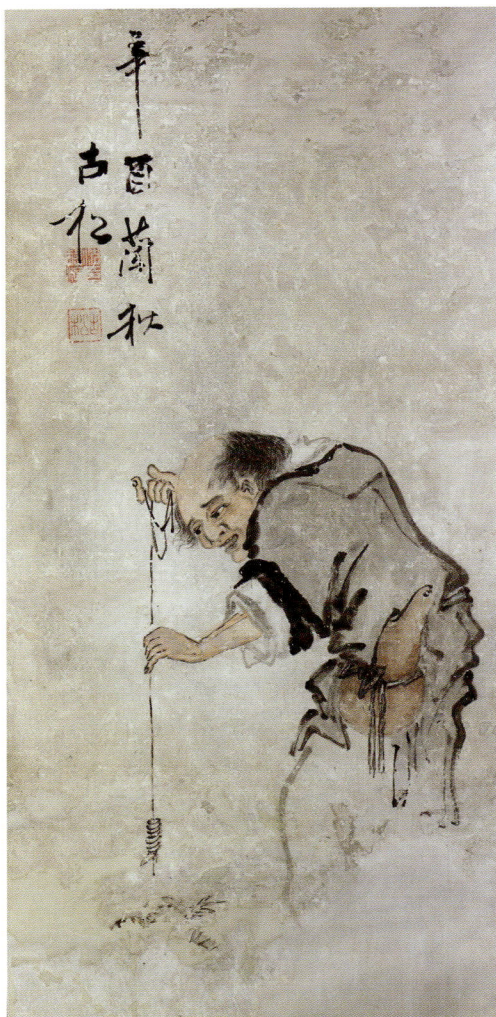

戏蟾图　　作者：（清）沈瑶池　　纸本设色
尺寸：123cm×60cm

郑乃珖《红棉水仙》　　纸本设色
尺寸：68cm×38cm

墨竹图　　作者：（清）谢颖苏　　纸本水墨
尺寸：126cm×58cm

陕北老农　　作者：刘文西　　纸本水墨
尺寸：45cm×34cm

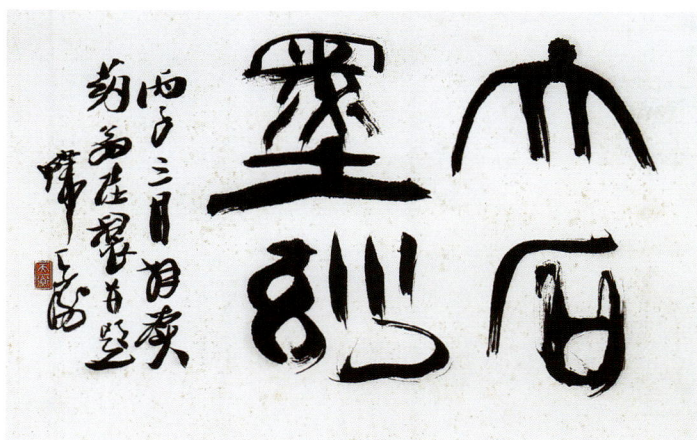

雏鸡图　　作者：唐云　　纸本设色
尺寸：46cm×34.5cm

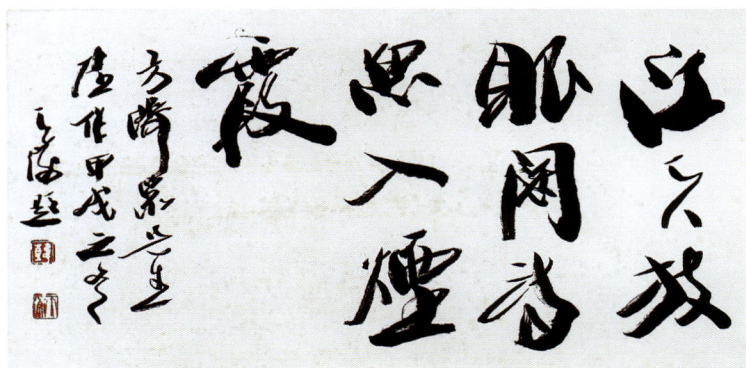

河洲旁晚　　作者：方济众　　纸本设色
尺寸：47cm×35cm

张帆
ZHANG FAN

　　张帆，黑龙江人，现定居厦门。现任中国收藏家协会会员、福建省收藏家协会厦门代表处副秘书长、厦门怀千古文物鉴定科技检测中心主任、厦门千古久物文化艺术品教育培训有限公司董事，执证艺术品鉴定师。

　　从事收藏15年，对古陶瓷、玉石、杂项的鉴定有着丰富的经验。

漳州窑　布袋弥勒佛　　尺寸：高38cm

铜鎏金渡母坐像　　尺寸：高76cm

霁红釉盘　　尺寸：直径20cm

青花　一甲及第盘　　尺寸：直径20.2cm

张成银
ZHANG CHENGYIN

张成银，1964年出生于福建宁德，现居泉州。现为福建省收藏家协会理事。

2011年成立了泉州市德盛堂艺术品有限公司（古德馨尚宝堂）。2012年起在泉州海外交通史博物馆与泉州创意产业协会、福建省收藏家协会泉州分会举办免费鉴宝活动，得到了政府和民间藏友的一致好评。

张成银主要收藏现代字画和陨石、奇石等。

玉斝　　尺寸：17.5cm×12cm

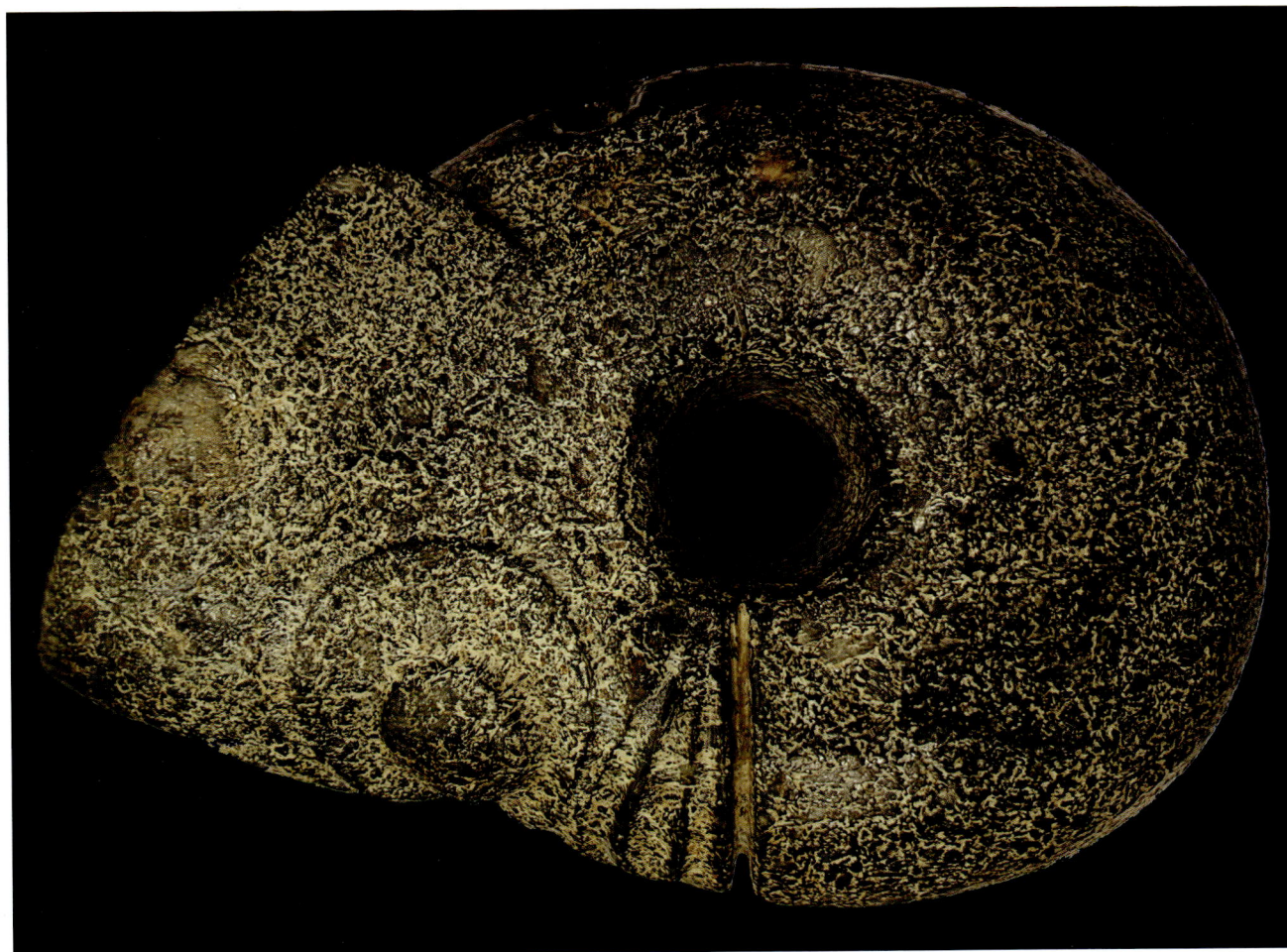

玉猪龙　　尺寸：14.5cm×20.2cm×6.2cm

玉发箍　尺寸：5.5cm×12cm

玉虎符　尺寸：52cm×54cm

凤鸟　尺寸：10.5cm×5.5cm×8.5cm

玉璧　尺寸：11cm×0.7cm

张学明
ZHANG XUEMING

　　张学明，1977年出生于福建云霄。毕业于集美轻工业学校（现集美工业学校）。现为福建省明煌旅游公司开发有限公司总经理。曾为福建省收藏家协会名誉会长、漳州市人大代表、漳州市云霄县酒类收藏协会会长，被评选为中国收藏家协会"十佳名酒收藏家"。

　　张学明主要收藏、研究漳州八宝印泥、中国名酒、历代片仔癀等。

销售到武夷山的漳州八宝印泥，楠木盒，卡纸带玻璃内盒，另附销售发票、电汇单、广告纸等

民国二十年（1931）4月15日，华侨考察团莅临漳州考察的纪念印泥，双层楠木提盒、卡纸带玻璃内盒，另附广告纸、私章等

潜泉印泥，大红木提盒，内衬镶锦，带印章盒

清末民初，漳州八宝印泥，锦盒、内卡纸、锦托

完整未使用的漳州八宝印泥，第一号加金，楠木盒，卡纸带玻璃内盒、锦托，另有广告纸等

八宝印泥（玻璃盒装），楠木盒，内镶锦、锦托，另有广告纸等

陈谷
CHEN GU

　　陈谷，1978年出生于四川宜宾，斋号思诚斋。现定居厦门。系福建省收藏家协会会员，中国收藏家协会钱币收藏委员会会员，厦门钱币学会会员。主要收藏古代钱币、高古陶瓷、唐宋茶器、故纸印版等，尤以收藏中国古代商号印章见长，并向中国航海博物馆捐赠了多件藏品。

　　2017年，与香港冯乃川先生、福州蔡耿新先生合作出版《中国商印雅汇》。

秦彩绘茧型壶

古代商印

福建咸丰年铜钞板、纸钞

福建清代钱庄印组（一）

福建清代钱庄印组（二）

福建清代钱庄印组（三）

陈珊
CHEN SHAN

　　陈珊，保利（厦门）国际拍卖有限公司总经理。她的藏品种类繁多，在厦门、福建，甚至全国的私人美术馆中名列前茅。与佳士得、嘉德、保利、匡时等国际一流艺术品拍卖机构建立了长期良好的合作关系，每年都推出一系列高品质的艺术品展览。所创立的保利下属厦门子公司，是保利集团继北京保利拍卖公司之后唯一一家全品类的艺术品拍卖子公司。

但观诸法空无我　　作者：弘一法师　　尺寸：17cm×87.5cm

瀑　　作者：吴冠中　　尺寸：69cm×137.5cm

清乾隆外粉青釉内青花六方套瓶　　尺寸：高40cm

吉祥雪域（布面油画）　作者：徐里　尺寸：78.5cm×98.5cm

陈振
CHEN ZHEN

　　陈振，中国著名美术策展人。系中国美术家协会福建创作中心执行主任，福建省美术家协会策展委员会副主任，福建省收藏家协会常务理事兼书画艺术研究中心主任，厦门市首批文化产业英才，传世艺宫美术馆馆长。2009年创办传世艺宫文化企业，先后成立传世艺宫美术馆，厦门传世艺宫文化产业集团，厦门传世丹青艺术品资产管理有限公司，厦门鼓浪洞天文化产业有限公司，清大文产（海西）规划设计研究院。

　　陈振主要收藏美术作品。建有传世艺宫美术馆，占地面积5000多平方米，展厅面积2000多平方米。目前已具备收藏、研究、展览、交流、服务五大功能，美术馆馆藏名家作品多达数千幅，同时也和国内外数千位艺术家产生合作，签约画家数十位。

海外写生·瑞典赫尔辛堡市　　作者：徐里　　2005年　　尺寸：150cm×190cm

悠远的辉煌　　作者：徐里　　1998年　　尺寸：80cm×150cm

泰山旭日　作者：陈春勇　2012年　尺寸：97cm×180cm

黄河金涛　作者：陈春勇　2012年　尺寸：126cm×246cm

暖阳　作者：莫也　2005年
尺寸：180cm×120cm

龙的故事　作者：莫也　2005年
尺寸：150cm×115cm

莺边日暖　作者：石齐　2017年　尺寸：97cm×90cm

陈钺
CHEN YUE

陈钺，1970年生于福建厦门。1987年开始从事汽车维修行业，并开始了长达20多年的老爷车收藏之路。现任厦门市老爷车协会会长，厦门市悦成老爷车博物馆馆长。

厦门市悦成老爷车博物馆是福建省首家以老爷车为主题的汽车博物馆，也是华南地区首家成立的老爷车博物馆。目前博物馆展区总面积约8000平方米，展厅面积约3000平方米，以收藏和展示国内外各种品牌的经典老爷车、经典摩托车为主。馆藏古董老爷车及汽车物件1000多件（辆），其中不仅包括经典品牌老爷车，还有不少名人座驾，甚至还藏有世界上第一辆汽车、世界上第一辆奔驰汽车、世界上第一辆宝马汽车等。

2021年，博物馆先后获得由厦门市科学技术协会颁发的厦门市科普（教育）基地称号，由厦门市教育局颁发的中小学生研学实践教育基地称号。

奔驰一号

劳斯莱斯

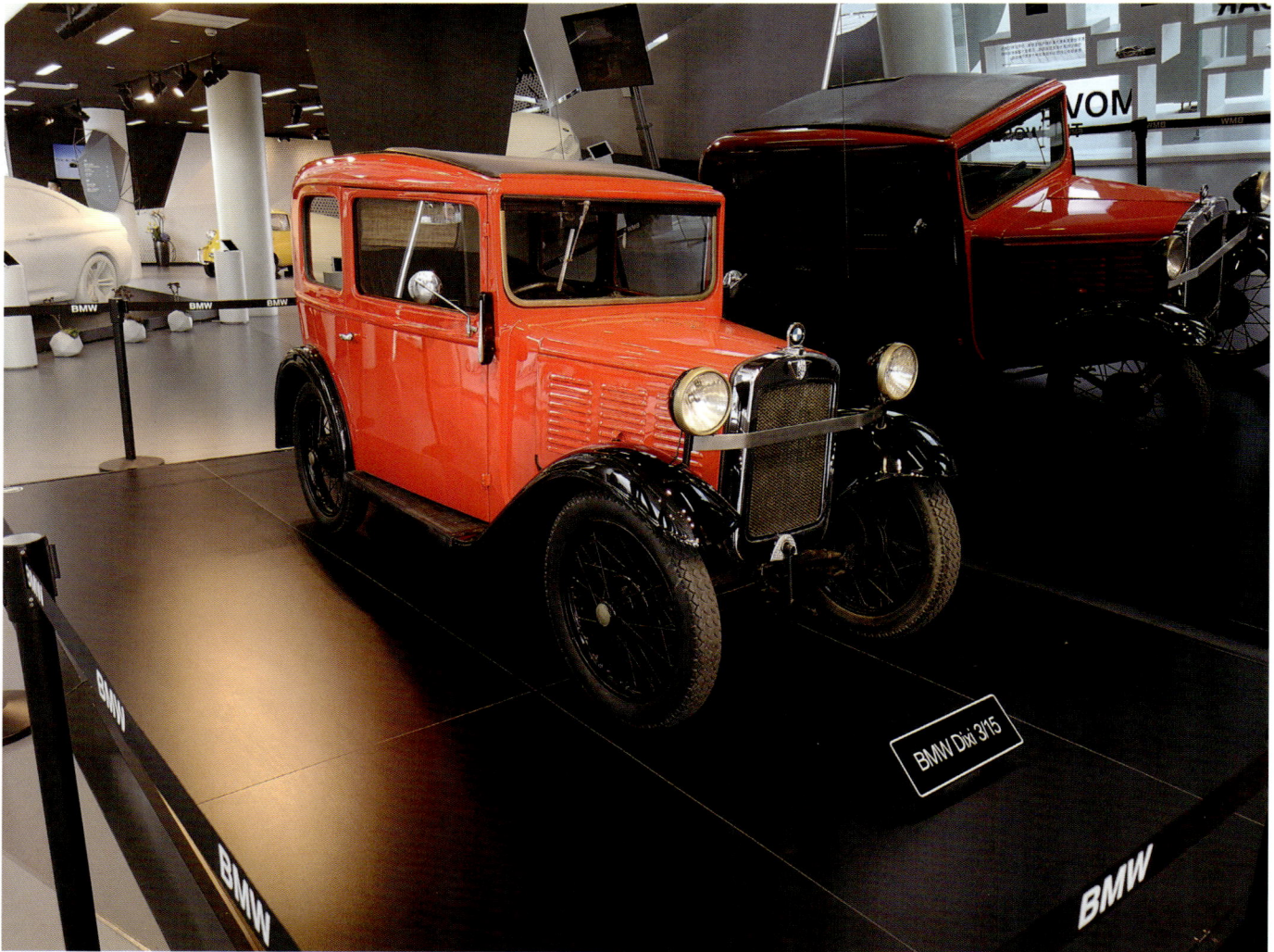

宝马

帕卡德

戴姆勒

阿尔法·罗密欧

陈仁海
CHEN RENHAI

　　陈仁海，1970年出生于德化龙浔。国礼大师，金砖会晤国礼设计突出贡献奖获得者，享受国务院特殊津贴。福建省工艺美术大师，福建省陶瓷艺术大师，高级工艺美术师，高级技师。福建省德化县中国白陶瓷有限责任公司艺术总监，福建省收藏家协会顾问。

　　其作品被故宫博物院、南京博物院、国家博物馆、中国美术馆、人民大会堂等永久收藏。系2019年度中国全面小康十大杰出贡献人物，中国日用艺术标杆品牌创立者，当代陶瓷产业转型升级领军人，中国白博物馆馆长，中国陶瓷界最受关注的十大人物之一。

　　其作品获得多项国家级金奖和国际荣誉，众多国家领导人都收藏有他的作品。2008年，《梦回大唐》系列荣获奥林匹克美术大会全球唯一最佳创意作品奖；2009年，《元首杯》被作为国礼赠送173个国家元首；2010年，《世博和鼎》认作为上海世博会福建馆镇馆之宝；2017年，中国白·陈仁海团队荣获"厦门会晤礼品研制突出贡献奖"，开创了德化陶瓷史新的里程碑，把德化瓷推向新的历史巅峰。

和谐中华　尺寸：49cm×17cmm×17cm

世博和鼎　尺寸：129cm×72cm×72cm
上海世博会福建馆镇馆之宝

携手共荣　尺寸：88cm×46cm×45cm
胡锦涛赠送台湾连战先生的礼品

气挟风雷　尺寸：77cm×50cm×46cm
香港收藏家徐展堂收藏

千手观音　尺寸：88cm×42cm×38cm

圣洁之灵　尺寸：47cm×23cm×13cm
胡锦涛赠送西哈努克亲王的国礼

鸾回凤翥　尺寸：47cm×35cm×21cm

羽衣蹁跹　尺寸：34cm×45cm×17cm

歌莺舞燕　尺寸：41cm×35cm×20cm

陈文兵
CHEN WENBING

陈文兵，福建漳州人。宝英吉祥珠宝公司董事长。

主要收藏金银珠宝，收藏品类有足金系列、万足无焊料黄金系列、奢华美钻、缤纷彩宝、金镶美玉、天然翡翠、银饰等。中华五千年文明发展史中金银财宝有保值、珍藏、传家的特点，因为在中国古代，金银珠宝亦是艺术。

中国珠宝·婚庆系列

宝英吉祥·足金项链系列

赛菲尔·黄金佛像挂坠

"福·发·财"系列戒指

黄金富贵手镯

中国黄金·"金猪永结同心"挂坠

陈华平
CHEN HUAPING

　　陈华平，泉州市收藏家协会主席。从小热爱收藏，少年时就收藏了一定规模的邮票、古钱币、连环画、毛泽东像章、火花及烟标，2000年后主要收藏黄花梨、小叶紫檀、金丝楠木等名贵木材、古典家具及木雕。

　　陈华平对木材、明式家具、木雕有较为深入的研究，是中国木雕及其制品行业标准主要起草人、中国楠木标准主要起草人之一（即将发布），同时也是中国林产工业协会楠木专业委员会专家委员、中国传统木制品专业委员会副会长、中华文化促进会紫檀文化研究会副会长以及厦门大学国学研究院客座教授、四川农业大学林学硕士研究生校外导师。

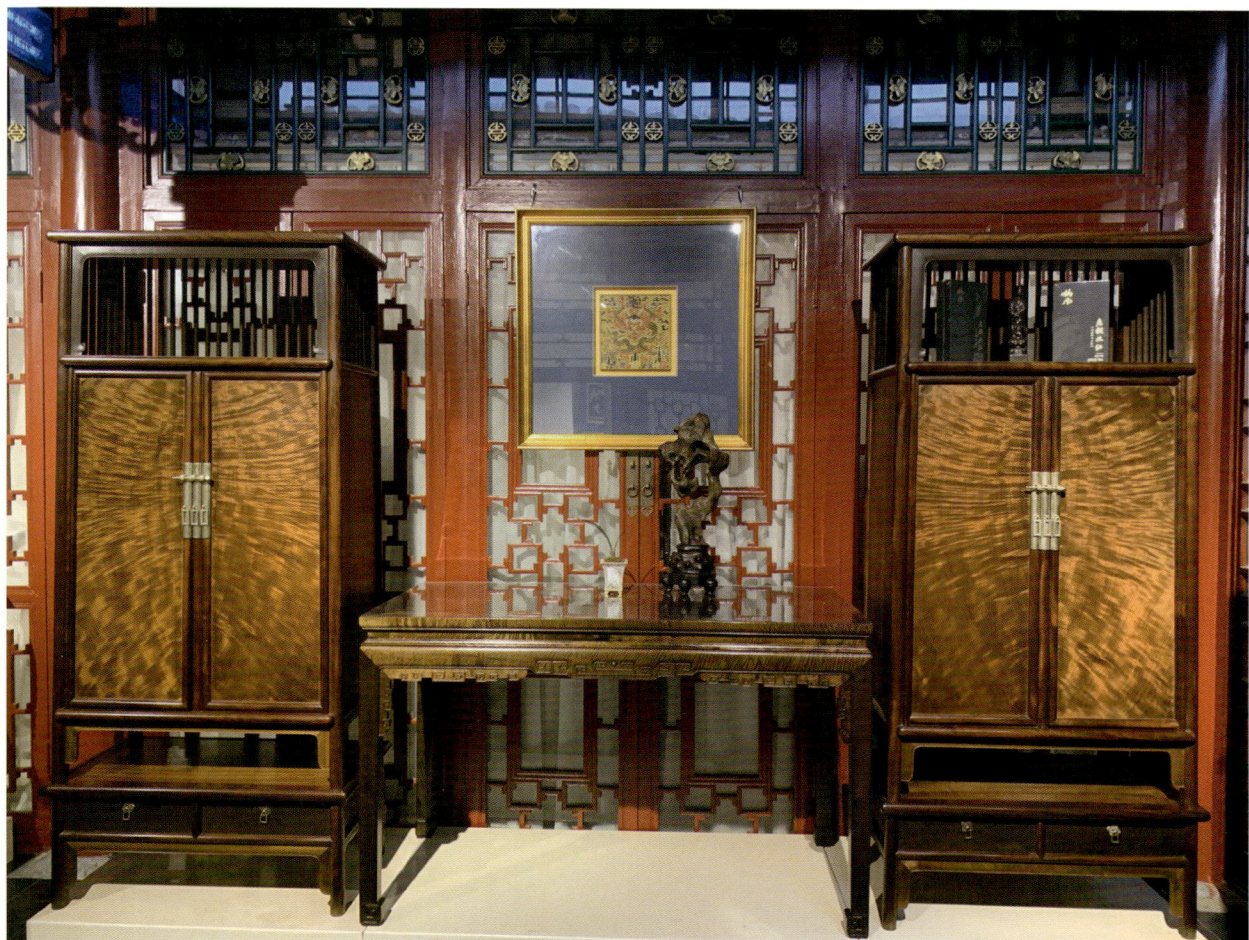

万历柜、条案　材质：金丝楠乌木

凤凰纹顶箱柜　材质：金丝楠乌木

圆角柜　材质：金丝楠木

九龙金樽（2012年中国工艺百花奖金奖作品）　材质：金丝楠木

圈椅　材质：印度小叶紫檀

单刀赴会　作者：黄泉福

天书　材质：千年金丝楠雷劈木

独占鳌头（老根雕）

陈秀珍
CHEN XIUZHEN

陈秀珍，江西景德镇人。现任厦门胜捷消防设备有限公司董事长、景德镇陶瓷厦门展览中心主任、厦门宽鸿科技有限公司总经理、厦门市江西省商会副会长、厦门市景德镇市商会常务副会长、厦门市工商业联合会（总商会）十四届执委。

陈秀珍与陶瓷世家游海滨之子游玉翔结为夫妻，受夫家影响，对陶瓷艺术品情有独钟，热衷于陶瓷艺术品收藏。她创办的景德镇市陶瓷艺术交流中心展馆里展示的艺术品都是景德镇市的中国工艺美术大师、省陶瓷艺术大师、非物质文化遗产传承人、国家一级技师等名家的作品，主要有釉上粉彩、釉下青花、釉上玛瑙红、新彩、斗彩、琶花、仿古瓷、颜色釉窑变等瓷器。

松下问童子（瓷板画）

清泉石上流（瓷板画）

红色故都——瑞金（瓷板画）

粉彩山水四条屏（瓷板画）

轻舟已过万重山（瓷板画）

观流（釉上粉彩瓷瓶）

瓷笔筒 源远流长（釉上玛瑙红）

束口瓶 山乡

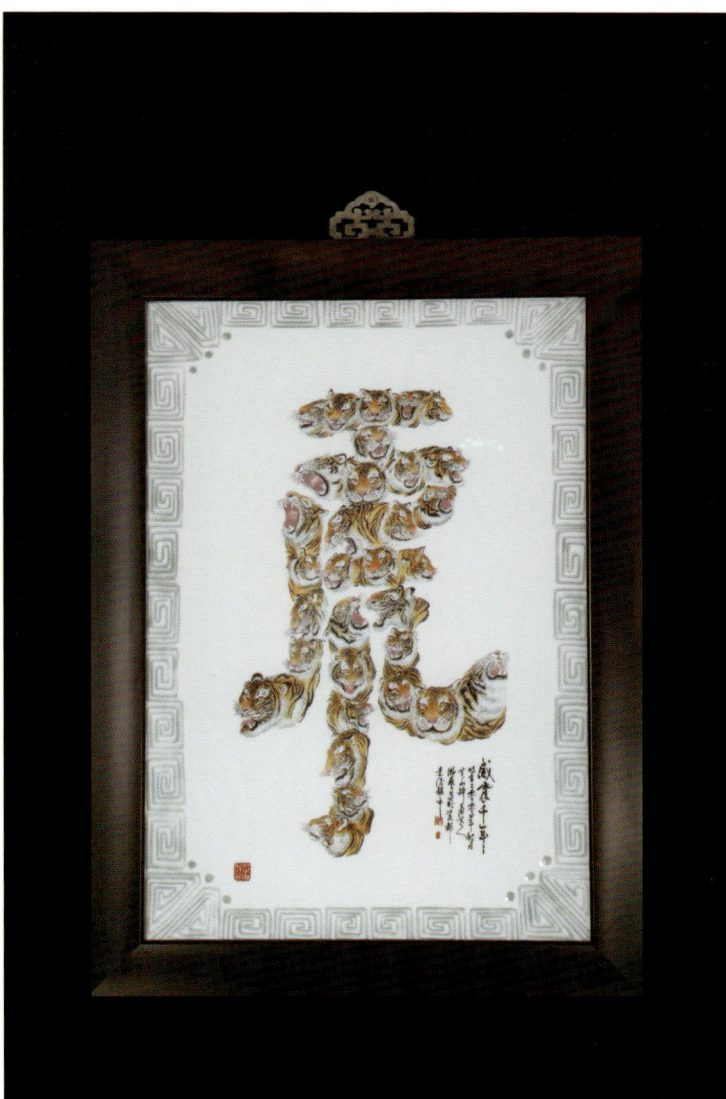

威震千年（瓷板画）

陈国辉
CHEN GUOHUI

陈国辉，1983年出生于福建厦门，中共党员。系中国国家培训网注册艺术品鉴定师，中国管理科学学会认证"高级文物艺术品鉴定师"。现任中国收藏家协会会员，福建省收藏家协会石雕委员会主任、石雕鉴定师，厦门市价格认证中心聘任专家，厦门市海沧区古建筑保护收藏协会秘书长，厦门七宝轩艺术馆馆长。闽南石雕是其主要收藏方向。

"出师入象"柱头构件

"三元及第"三鼋在地净手盆

狮豸板

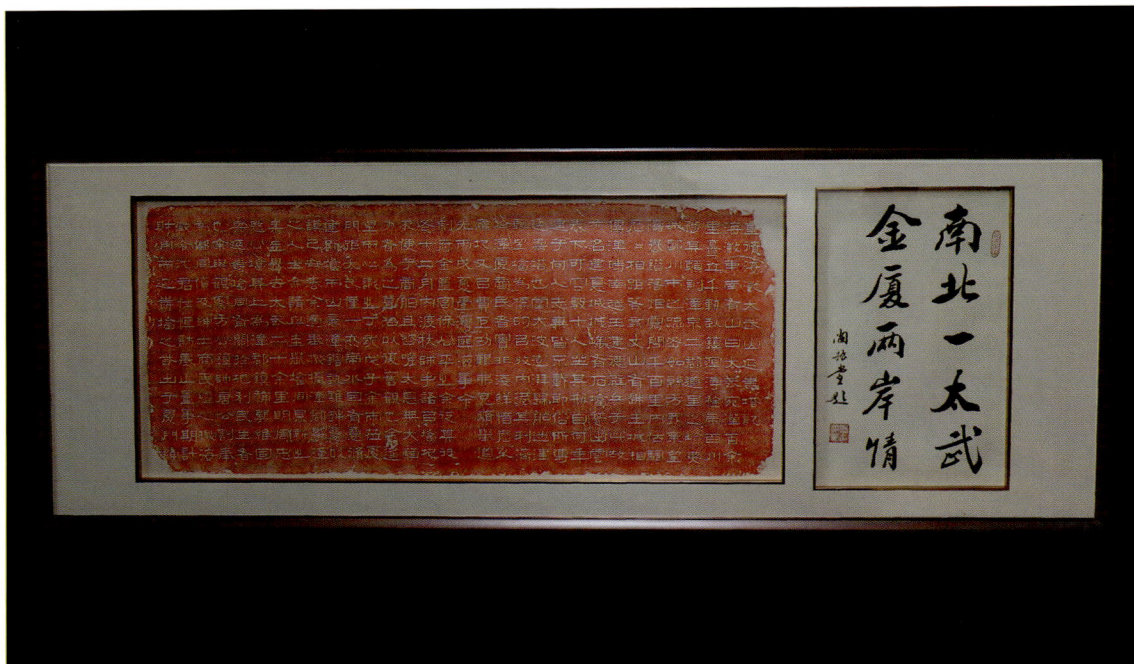

《重修海澄太武山延寿塔记碑》拓片

重修海澄太武山延寿塔记碑

桥头将军

"荷叶螃蟹"井圈

陈昌明
CHEN CHANGMING

　　陈昌明，1950年出生于福建泉州，中共党员。1992年结业于广西师范大学中国古代文物鉴定班。系中国收藏家协会创会会员，中国古陶瓷学会会员，福建省钱币学会会员，泉州钱币学会常务理事。曾为福建省收藏家协会第二、三届理事会副会长，第四、五届名誉会长，第六届理事会顾问。

　　陈昌明先生收藏的门类涉及中国书画、古代铜镜、古今钱币、古代陶瓷酒器及现代陶瓷瓶原装酒等，并有《元宝鉴赏》《藏扇漫话》《神奇的酒器》《琢磨不透的透光镜》等多篇文章发表于各类报刊。

　　自1991年至2004年，陈昌明先生分别于泉州开元寺和清源山风景名胜区举办了中国历代货币展、中国古代陶瓷展、中国古代铜镜展、中国银币展、外国硬币展、中国现代名家书画展、中国花钱展、百扇书画展、陶醉轩藏品展等11次联展及个人藏品展，多家媒体做专访报道，受到广泛好评。

战国　云雷地纹连弧纹镜

尺寸：直径19.8cm

汉代　星云镜

尺寸：直径12.5cm

汉代　羽人瑞兽博局镜

尺寸：直径13.3cm

汉代　四乳四虺镜

尺寸：直径10.3cm

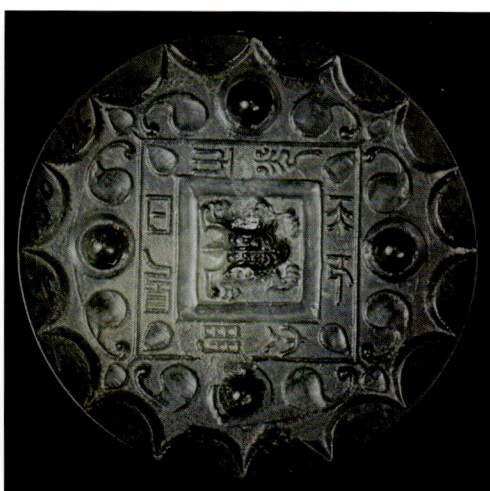

汉代　兽钮天下大明镜

尺寸：直径9.2cm

汉代　四乳瑞兽镜

尺寸：直径12cm

汉代　昭明镜

尺寸：直径10.2cm

汉代　对鸟镜

尺寸：直径8.6cm

汉代　草叶纹镜

尺寸：直径13.8cm

汉代　日光昭明镜

尺寸：直径9.7cm

汉代　日光镜

尺寸：直径8.1cm

东汉　高浮雕龙虎镜

尺寸：直径12.1cm

东汉　六乳六兽镜

尺寸：直径13.7cm

六朝　四乳飞鸟镜

尺寸：直径10cm

唐代　海兽葡萄镜

尺寸：直径13.3cm

唐代　八瓣葵花仙骑镜

尺寸：直径11.9cm

唐代　蜂雀花枝镜

尺寸：直径9.3cm

唐代　鎏金弦纹素镜

尺寸：直径8.6cm

唐代　雀绕花枝镜

尺寸：直径9.5cm

唐代　八角藻纹镜

尺寸：直径4.3cm

宋代　符箓镜

尺寸：直径17cm

辽代　八瓣菱花花卉镜

尺寸：直径22.3cm

金代　鎏金多宝镜

尺寸：直径7.6cm，镜墙高1.3cm

元代　花卉镜

尺寸：直径17.7cm

明代　铭文镜

尺寸：直径14.2cm

清代　方形铭文镜

尺寸：8.5×8.5cm

陈建海
CHEN JIANHAI

　　陈建海，1972年出生于漳州诏安。曾任漳州市收藏协会理事、诏安县书画收藏学会展览策划部主任。现为中国书画收藏家协会会员、漳州市价格认定专家库（书画类）成员。多年以来专注收藏当代名家书画作品，曾策划"诏安历代书画名家作品展""诏安县庆祝中华人民共和国成立70周年书画作品展"等重大书画展览。

鲤鱼图　　作者：许海钦　　尺寸：70cm×34cm

芦雁　　作者：沈耀初　　尺寸：97cm×31cm

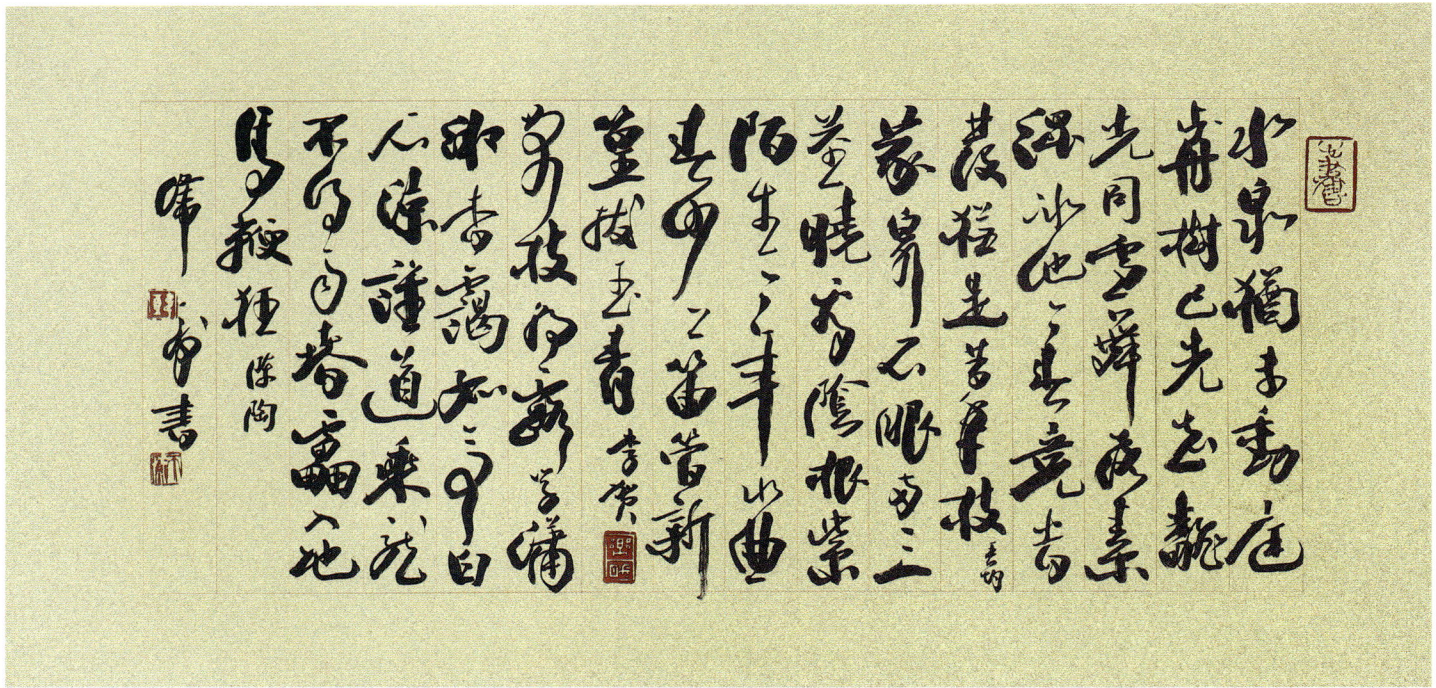

书法　　作者：韩天衡　　尺寸：34cm×70cm

上善若水　　作者：李刚田　　尺寸：27cm×102cm

紫气东来　　作者：苏士澍　　尺寸：34cm×127cm

福寿康宁　作者：张铁林　尺寸：24cm×90cm

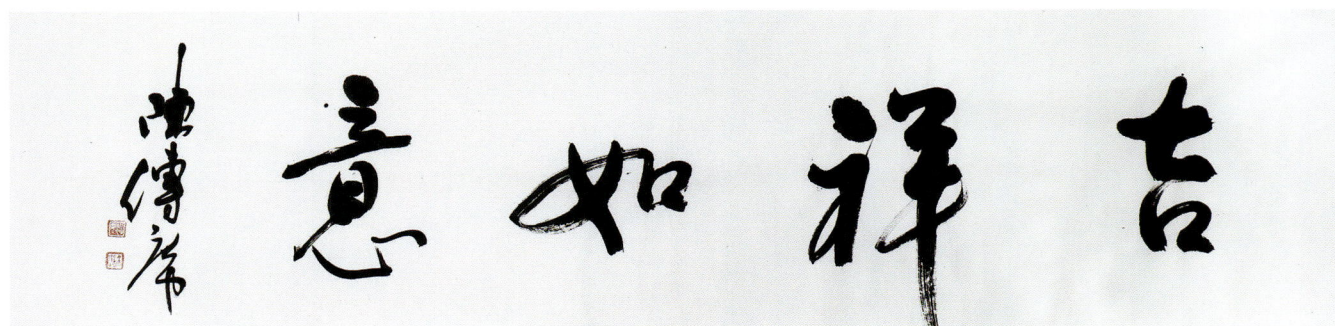

吉祥如意　作者：陈传席　尺寸：34cm×137cm

海萃轩　作者：李学伟　尺寸：32cm×138cm

陈炳煌
CHEN BINGHUANG

陈炳煌，1940年出生于福建厦门。中共党员，2021年荣获"光荣在党50周年"纪念章。现为中国收藏家协会会员，福建省收藏家协会"陈炳煌红色收藏馆"馆长。

自1958年收藏第一件红色收藏品《毛泽东选集》后，陈炳煌迈上了长达63年的"红色收藏"历程。

陈炳煌红色收藏馆现藏有红宝书、毛泽东像章、瓷板画、瓷雕、瓷盘、瓷瓶、丝布、网绣品、宣传画、连环画、画册、画报、日记本、奖状、票证、老报纸、老照片、唱片、红色民俗品、玻璃镜艺、瓷像等近2万件。特别是吴康、章文超、赵惠民、曾龙升、曾山东等人敬制的毛主席巨尊瓷雕像、瓷板画、瓷盘、大立瓶等，堪称镇馆之宝。

艰苦岁月　　尺寸：36cm×28cm

庆祝红旗渠通水　　尺寸：40cm×38cm

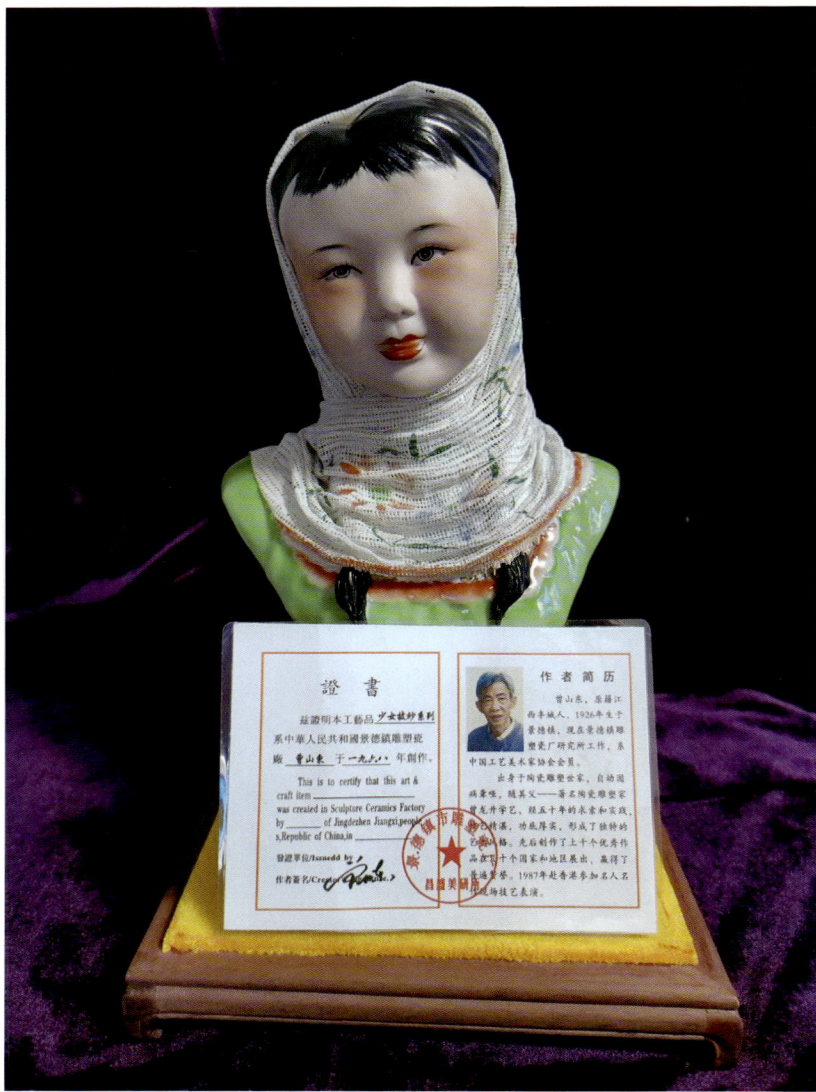

少女披纱　　作者：曾山东　　尺寸：32cm×20cm

地道战、地雷战　　尺寸：33cm×20cm×2

白求恩　　尺寸：32cm×20cm

炼钢工人　　尺寸：31cm×15cm

陈健朝
CHEN JIANCHAO

　　陈健朝，福建漳州人。现任政协漳州市云霄县委员会常委，漳州虎骨酒收藏馆创办人、馆长，中国酒业协会常务理事，中国藏酒协会常务理事。系国家一级酿酒师、国家一级中药师、国家一级品酒师。曾任福建省收藏家协会常务理事兼云霄代表处主任，云霄县工商联副会长，云霄县酒类收藏协会会长，潮州酒类收藏协会顾问，揭阳酒类收藏协会名誉会长，云霄县爱心协会顾问等。

　　陈健朝是目前国内虎骨酒收藏第一人，人称"陈大虎"。专业收藏中国名酒和药酒，特别是虎骨酒，在业内享有很高的声誉。

北京同仁堂桶装"李时珍"虎骨酒

48度天津同仁堂虎骨药酒

桶装"真正虎骨酒"

北京同仁堂虎骨酒

北京同仁堂双耳瓷瓶虎骨酒

北京同仁堂"李时珍"灵芝虎骨酒

北京同仁堂公私合营虎骨酒

北京同仁堂虎骨药酒海报

陈培圣
CHEN PEISHENG

陈培圣，福建漳州人。紫气艺术品工作室创始人。从事中国近现代机制币收藏和研究二十多年。

陈培圣主要藏有袁世凯纪念币、曹锟戎装纪念币、漳州军饷及清代机制币老银圆等。机制币是早期货币发展历程中的重要代表，见证了中国近代货币制度的建立和发展，具有珍贵的历史价值，其设计和铸造方式融合了中国传统文化和西方技术，具有较高的文化价值。

漳州军饷（朱鉴版）

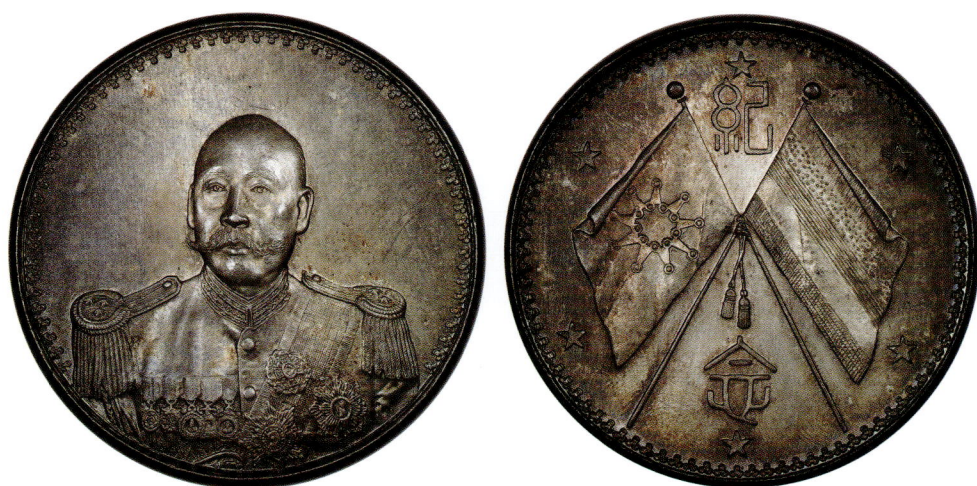

曹锟戎装纪念币

袁世凯纪念币

中华民国三年（1914）福建版银圆

中华民国十七年（1928）贵州省政府造汽车币

中华民国十年（1921）九月"同仁登寿"徐世昌纪念币

清光绪三十年（1904）湖北省造"双龙壹两"

清咸丰通宝　宝福当百

民国十六年（1927）革命军东路总指挥入闽纪念币

陈煌杰
CHEN HUANGJIE

　　陈煌杰，1983年出生于福建漳州，现定居厦门。系中国酒业协会会员、国家一级品酒师、中国陈年白酒鉴定师、福建省收藏家协会理事、厦门红砖商贸有限公司总经理。

　　热爱老酒收藏，从事老酒收藏与交流品鉴十几年，特别专注收藏金门酒厂、台湾烟酒公卖局马祖酒厂生产的老酒。共藏有2000多种台湾老酒。

金门酒厂出品　　1967—1974年

金门酒厂出品　　20世纪80年代

台湾烟酒公卖局祝寿酒、台湾大曲酒、陈年绍兴酒、黄杰将军题词　　20世纪70年代

福建地方老酒

金门酒厂出品　白金龙特级高粱酒　20世纪60年代和70年代初期

金门酒厂出品　金杯三角特选高粱　20世纪60年代

马祖酒厂出品　20世纪70年代、80年代

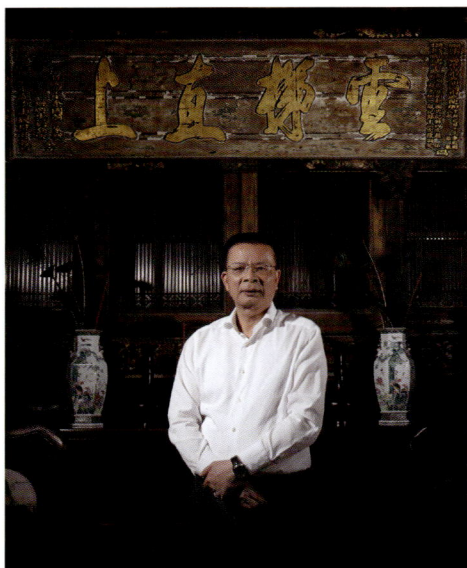

林天海
LIN TIANHAI

　　林天海，1957年出生于福建漳州。现任福建省古厝文化研究会会长，福建省收藏家协会名誉会长，唐郡实业（福建）有限责任公司名誉董事长。曾任漳州市龙海区、漳州市龙文区人大代表、政协委员，漳州市东屿村支部书记。

　　林天海在古建筑石雕、木雕、泥塑、牌匾收藏领域颇有建树，亦收藏瓷器、书画、玉器、寿山石、矿石、根雕等多种奇珍古玩。他自号弘丽堂堂主，开设闽南古厝构件展厅、挂牌闽南传统民居营造技艺传习所。

　　古建筑是看得见的历史，不仅是工匠建造创意的呈现，也是历史文化的显性承载。目前，闽南古厝构件展馆中装饰、展出及收藏的古厝相关文物展品1200余件，主要包括木作构件、泥塑构件、彩绘构件、嵌瓷雕构件、石作构件、工具、建材、图纸文献等。

石敢当　　尺寸：107cm×55cm×56cm

六角石井　　尺寸：53cm×53cm×45cm

石敢当　　尺寸：54cm×58cm×35cm

石柱础　祥龙瑞草　　尺寸：52cm×52cm×45cm

石匾 姜太公钓鱼　　尺寸：53cm×108cm×8.5cm

石雕 土地公　　尺寸：16cm×11cm×7.5cm

林水併
LIN SHUIBING

　　林水併，福建厦门人。任职于厦门城市职业学院。福建省高级会计师评委，厦门市人大预算审查专家。1996—2002年连续7年被评为福建省会计工作先进工作者，1997年被厦门市人民政府评为优秀教育工作者。

　　青少年时期开始收藏邮票；1988年开始收藏粮票；1993年进入粮票专题收藏，以收藏语录粮票、厦门粮票、福建粮票、塔图粮票为主。其中语录粮票收藏品种达4000多种，有大量的孤品、罕品，存世10枚以下的品种上千种，是圈内公认收藏粮票最丰之人。出版的《语录粮票收藏》（厦门大学出版社）一书对语录粮票进行系统性研究，不仅对什么是粮票，什么是语录粮票、"文革"粮票、口号粮票进行定义，还对它们之间的关系进行梳理，被业内公认为最好的粮票收藏工具书之一，具有较高的文献价值。

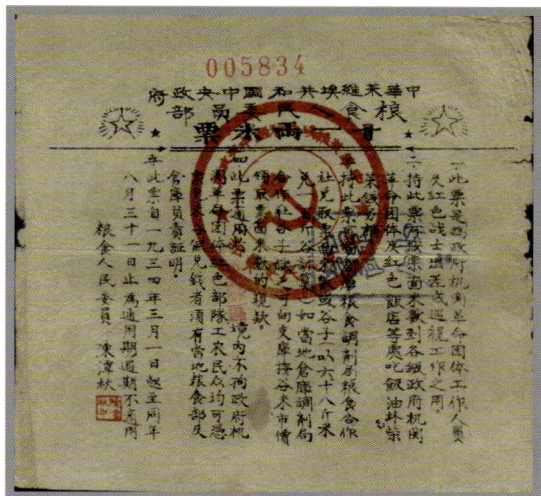

红军米票

浙东敌后临时行政委员会粮票

东北解放区前方粮票

财政部公粮票证

回乡转业建设军人资助粮粮票

行军粮票

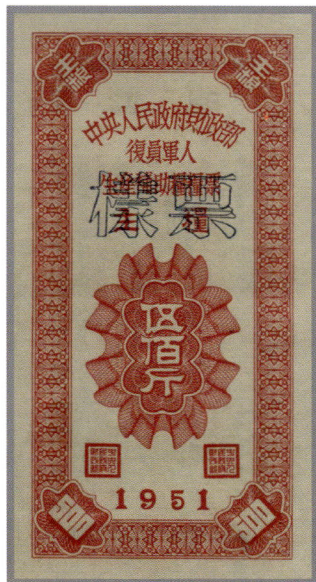

复员军人生产补助粮粮票

中南军区海军粮票

中华人民共和国粮食部全国通用粮票（1955年版为国家粮食统购统销后发行的第一套全国通用粮票）

中华人民共和国粮票（1978年版为代号7817工程的战备粮票）

江苏69实票（错票）

广西68票样0.1斤（错票）

江西68实票2斤（错票）

江苏69票样0.1斤（错票）

安徽69票样正面（错票）

山东66票样（错票）

目前唯一10枚成套的广东68语录票样
第一次印刷

目前唯一10枚成套的广东68语录票样
第二次印刷

目前唯一10枚成套的广东68语录票样
第三次印刷

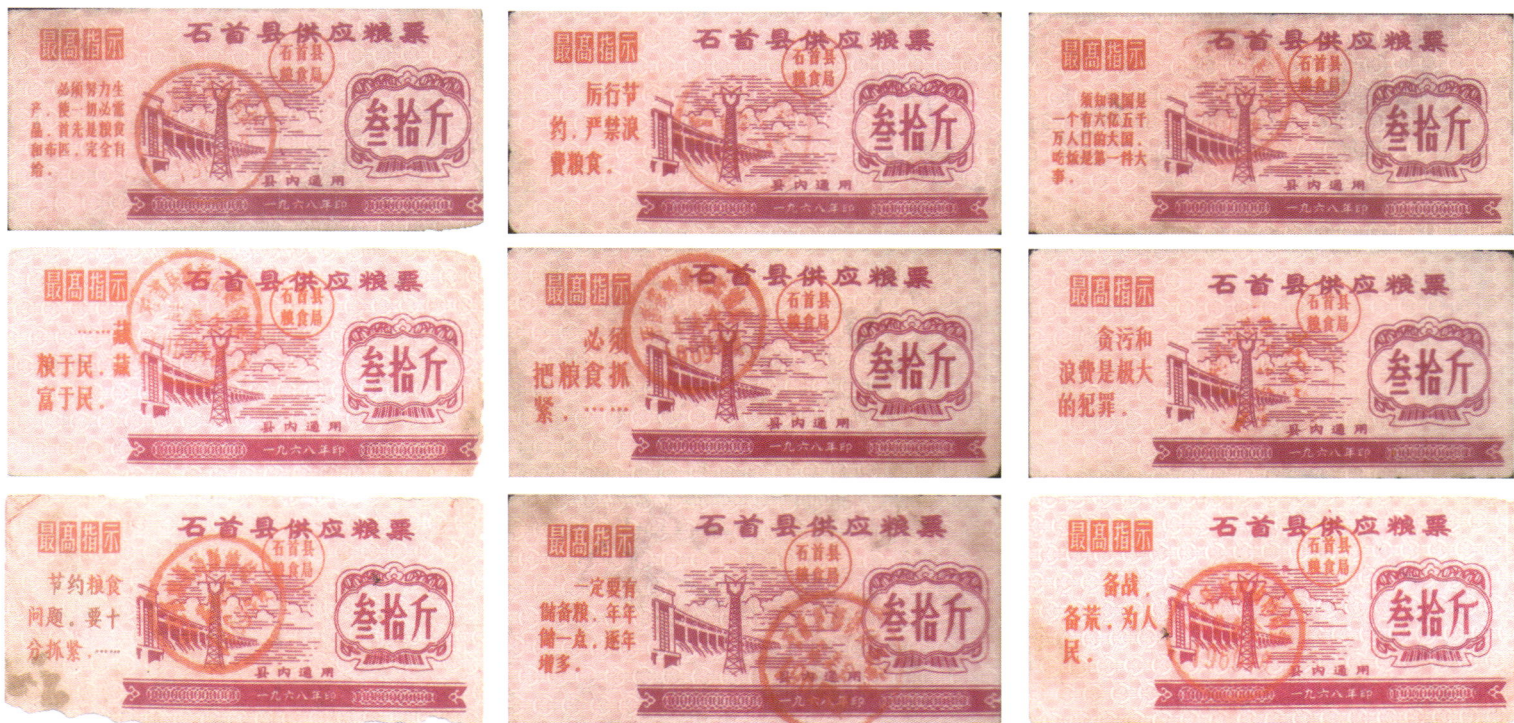

不同语录的30斤面额粮票

月份语录粮票

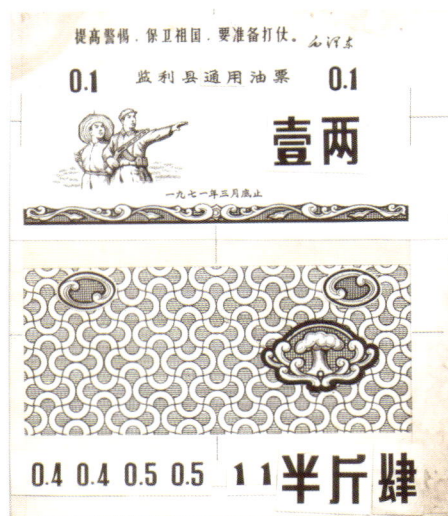

油票手稿

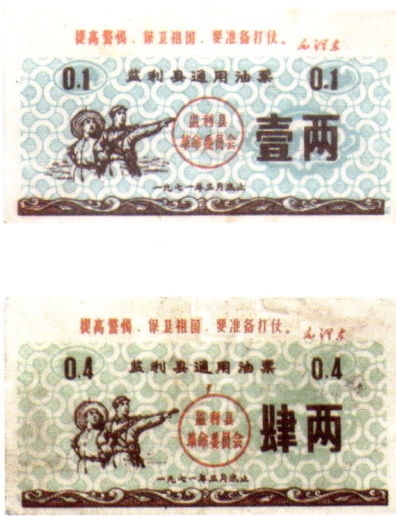

实票

成都送审样张

成都69粮食样票

粮票印刷样稿正面

粮票印刷样稿背面

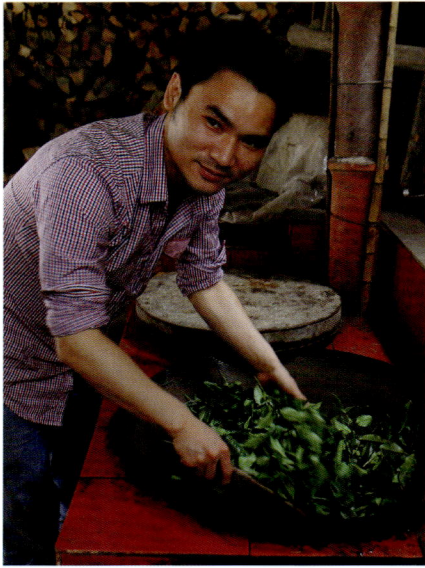

林玉成
LIN YUCHENG

林玉成，福建安溪人，现定居厦门市。厦门压箱底茶文化传播有限公司创始人。

林玉成从小在茶山长大，其家族世代种茶、制茶、卖茶、藏茶。大学毕业后，在戴尔中国区负责供应链管理工作的林玉成因为对茶的热爱，辞去工作，回归茶山老家，成为"茶人"。林玉成的足迹遍布中国各大知名茶山、茶厂，他也在茶叶外贸、电商等领域不断迭代创新，做了许多努力和尝试。

林玉成主要收藏老茶，以普洱居首。普洱茶经历岁月沉淀而越陈越香，亦被称为"可以喝的古董"。

孔雀班章普洱茶（一）　2021年限量珍藏版

孔雀班章普洱茶（二）　2021年限量珍藏版

红标宋聘号

92方砖普洱方茶

老班章箱传茶

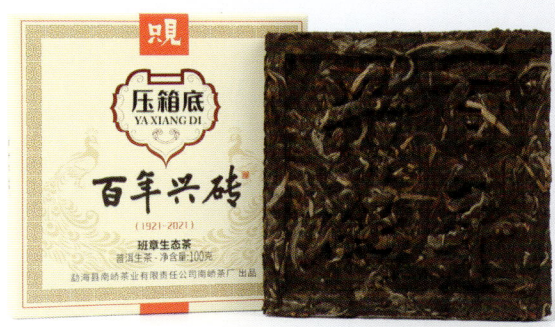

百年兴砖

粗枝大树号级茶

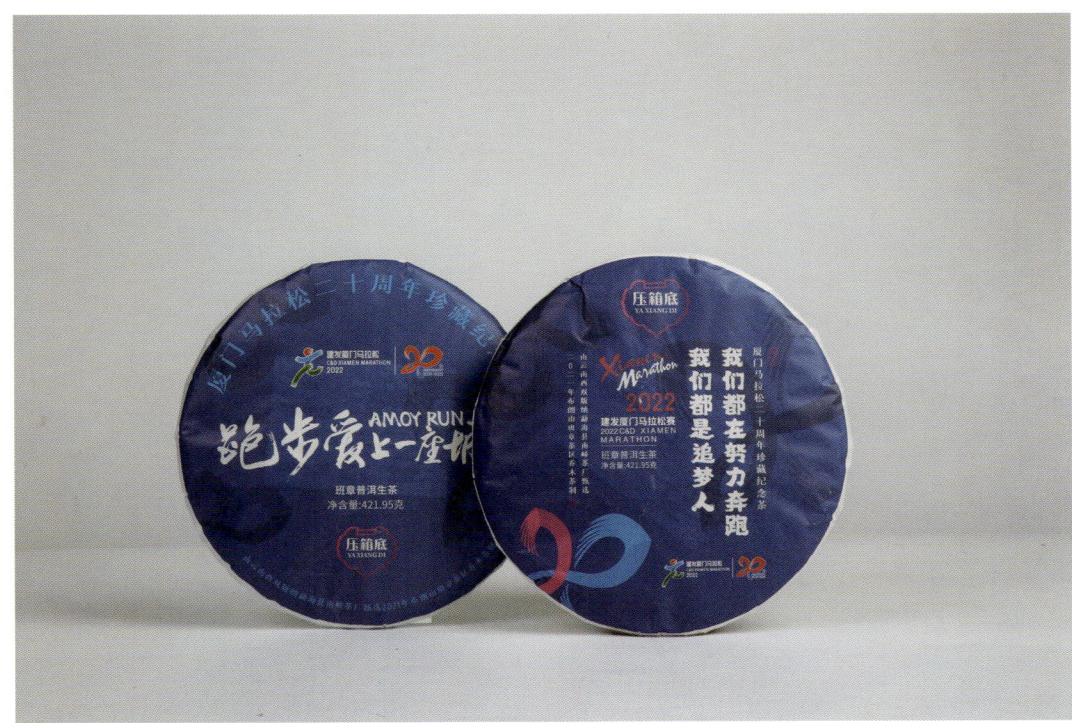

厦门马拉松20周年珍藏纪念茶

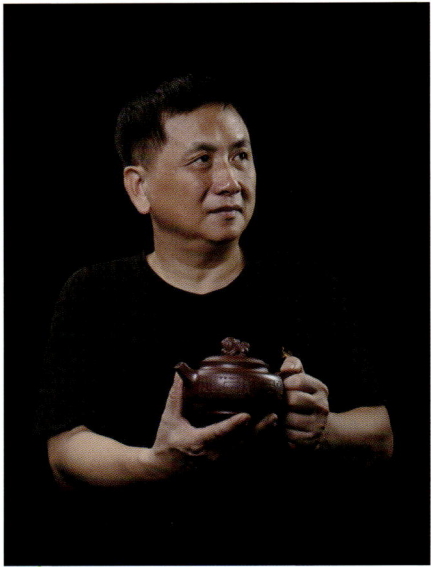

林成宋
LIN CHENGSONG

　　林成宋，漳州漳浦人。系中国收藏家协会会员、福建省收藏家协会常务理事、福建省收藏家协会漳浦代表处主任。

　　林成宋自幼受父辈熏陶，喜爱中华历史文化。后发展收藏事业，创办了古玩艺术品收藏馆，藏品达万件，门类广泛，有古陶瓷、高古玉、青铜器、字画等。

象牙铁沁舞人佩　　尺寸：5.6cm×3.0cm×0.5cm

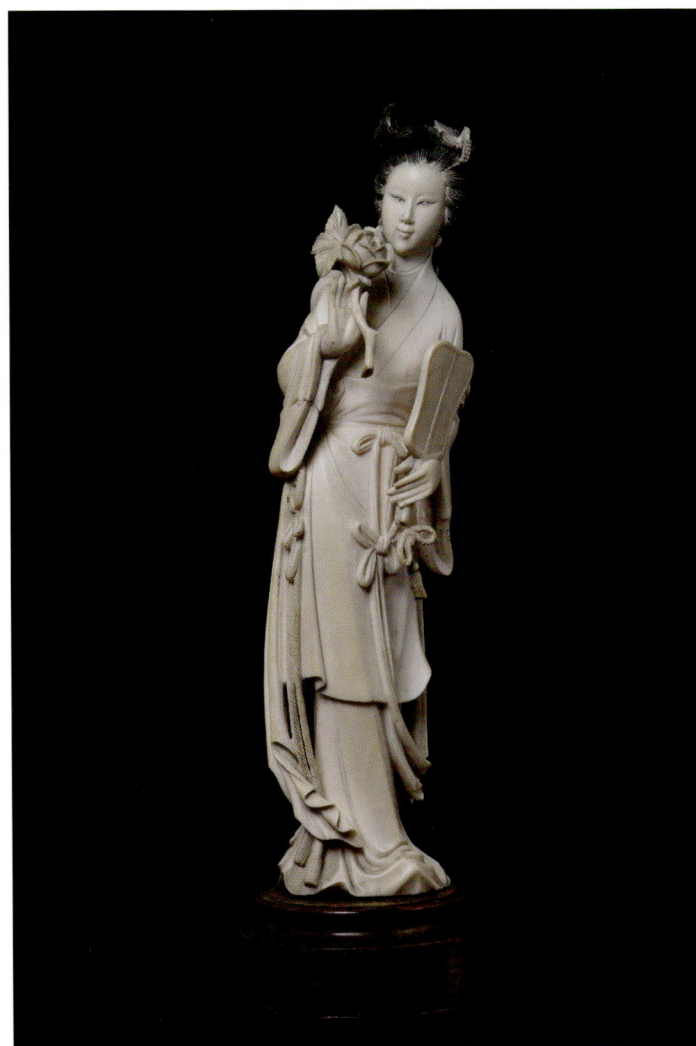

回流老象牙　仕女像　　尺寸：70cm×25cm

老沉香观音　　尺寸：24cm×11cm

铜观音　　尺寸：25cm×15cm

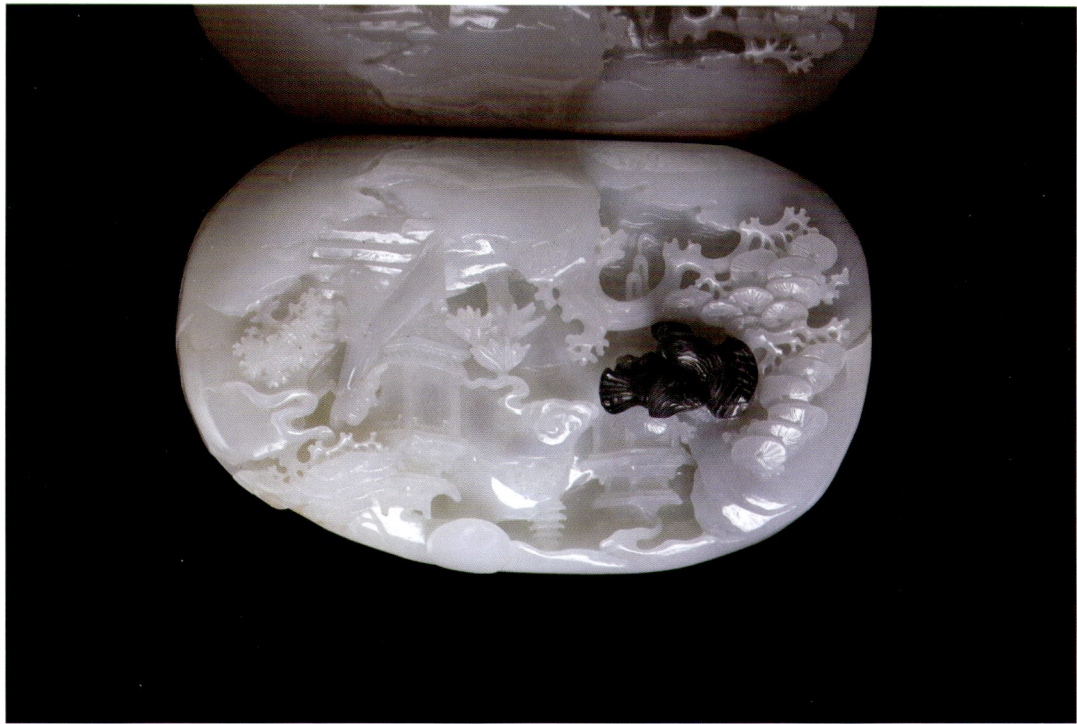

和田玉籽料摆件　　　　尺寸：9cm×13cm

紫气东来　　作者：王半禾　　　　尺寸：26cm×130cm

林成基
LIN CHENGJI

　　林成基，现为汇盈化学品实业（泉州）有限公司董事兼总经理。系民进南安支部主委、民进泉州市委会第六届常委、民进福建省委委员、民进福建联络委副主任、福建民进经济界会员联谊会副会长、民进中央联络委员会委员。曾被评为民进全国组织建设先进个人，民进全国社会服务暨脱贫攻坚工作先进个人，民进全省社会服务工作先进个人，民进泉州市委参政议政先进个。荣获第四届"泉州市十大杰出（优秀）青年企业家"最具创新奖、第四届"泉州市优秀青年企业家"、第三届泉州青年五四奖章、2010年南安市劳动模范荣誉称号和2015年泉州市劳动模范称号。

　　林成基从1998年接触收藏行业至今，已有20多年。主要收藏鎏金佛像、立像等。

马头明王 尺寸：11.5cm×10cm×5cm

白度母 尺寸：14cm×8cm×5cm

尺寸：13.5cm×9cm×8.8cm　托举菩萨像

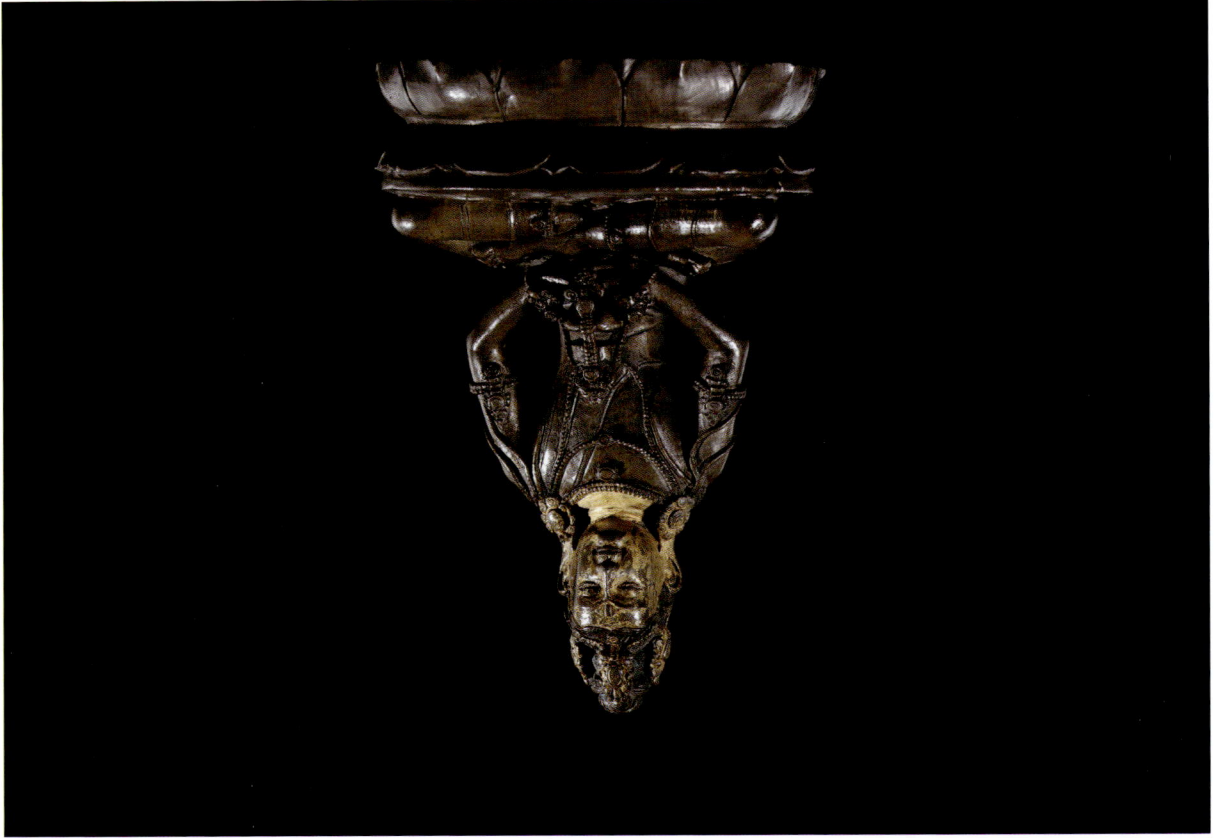

尺寸：16.5cm×11cm×9cm　托举力士佛

尺寸：14.5cm×10cm×5cm　托举力士佛

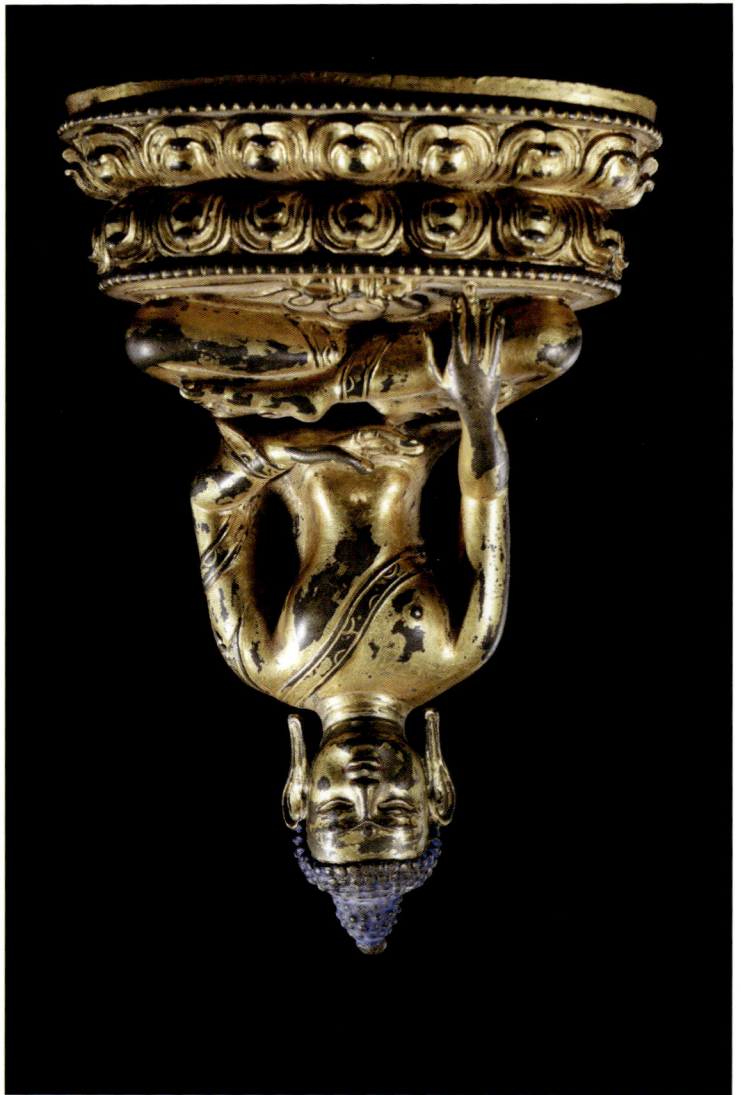

无量寿佛　　尺寸：22cm×14.8cm×9.8cm

佛塔　　尺寸：41cm×20.5cm×20.5cm

林志忠
LIN ZHIZHONG

　　林志忠，福建漳州人。福建芽忠果蔬有限公司创始人。早在1987年，刚初中毕业的林志忠一心投入绿豆芽生产的研究探索，经过30多年的摸索总结，生产技术日臻完善，企业规模不断扩大，由当初的农村小作坊生产发展成为工厂化、规模化生产。

　　对绿豆芽的培植激发了林志忠对中国盆景的热爱。林志忠把对盆景的爱好融入于浇水、施肥、修剪、除草、除虫等日常管理之中，可谓无微不至、细心周到。其栽培的盆景郁郁葱葱、生机勃勃、千姿百态、赏心悦目，在闽南一带颇有盛名。

铁骨铮铮（朴树）　　尺寸：72cm×108cm

缅甸仙丹　　尺寸：80cm×90cm

日本枫叶　　尺寸：28cm×46cm

日本黑松　　尺寸：58cm×46cm

日本黑松　　尺寸：70cm×60cm

日本黑松　　尺寸：62cm×98cm

日本黑松　　尺寸：78cm×90cm

林金专
LIN JINZHUAN

　　林金专，1962年出生于福建石狮。爱好玉器及古玉文化，30多年来，搜集到了许多错金银的玉器。主要藏品有玉错金银、玉佩、玉器饰品、玉杯、玉碗等。

良渚双连璧　　尺寸：4.6cm×6.8cm×1.2cm

玉梳　　尺寸：28cm×5cm×0.5cm

和田白玉山籽　　尺寸：33cm×8cm×20cm

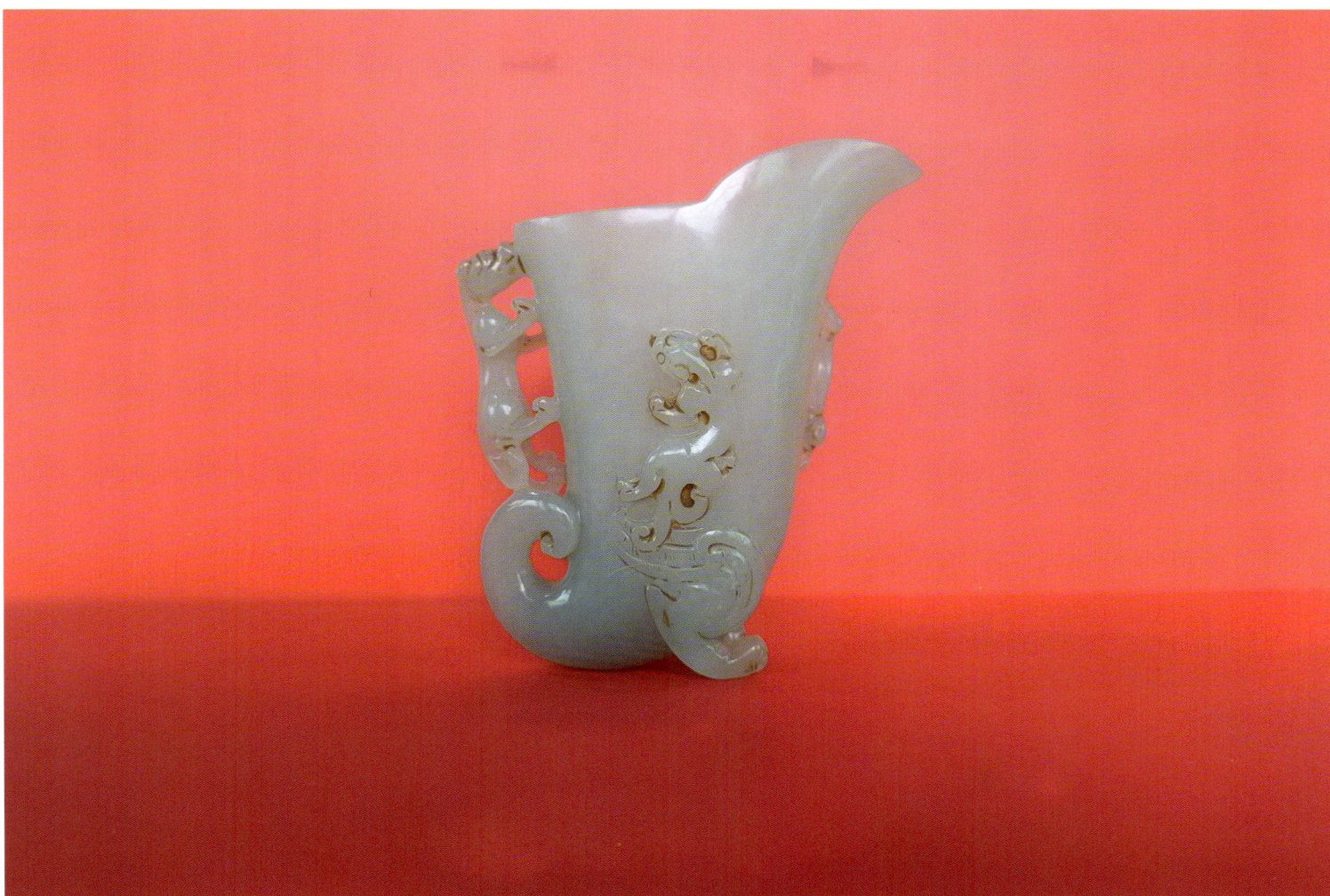

浮雕螭龙玉杯　　尺寸：8.5cm×4cm×9.2cm

金海冬青　　尺寸：4.6cm×2cm

跪人羊脂白玉　　尺寸：4.5cm×1.8cm×3.8cm

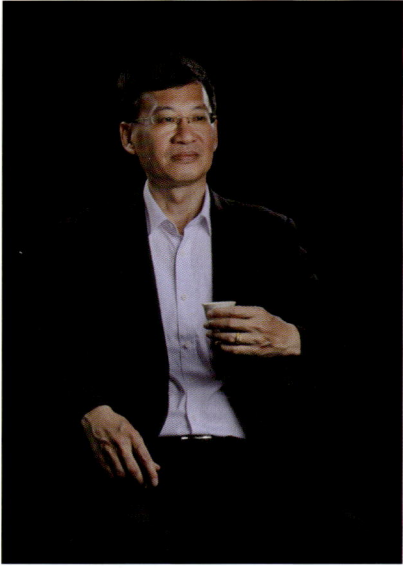

林根源
LIN GENYUAN

　　林根源，1971年出生于台湾，祖籍福建泉州。字一元，笔名教寿。1993年毕业于海南大学。现任厦门汇智汇诚股权投资合伙企业总经理。

　　林根源是闽台收藏界的翘楚和精英，主要收藏寿山石、新疆和田玉、沉香和名人字画等。

印章　石种：田黄石　尺寸：3.6cm×2.3cm×1.7cm

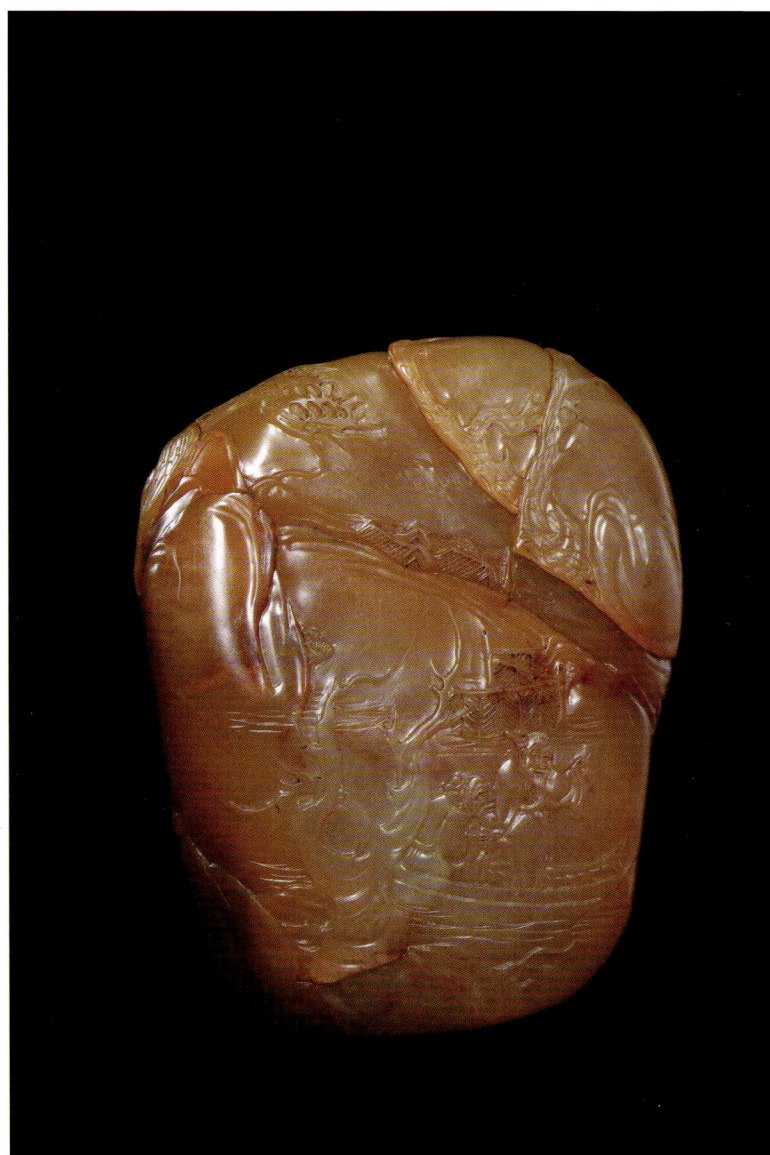

赤壁赋图　石种：田黄石　尺寸：9.5cm×8cm×3.2cm　456.2克

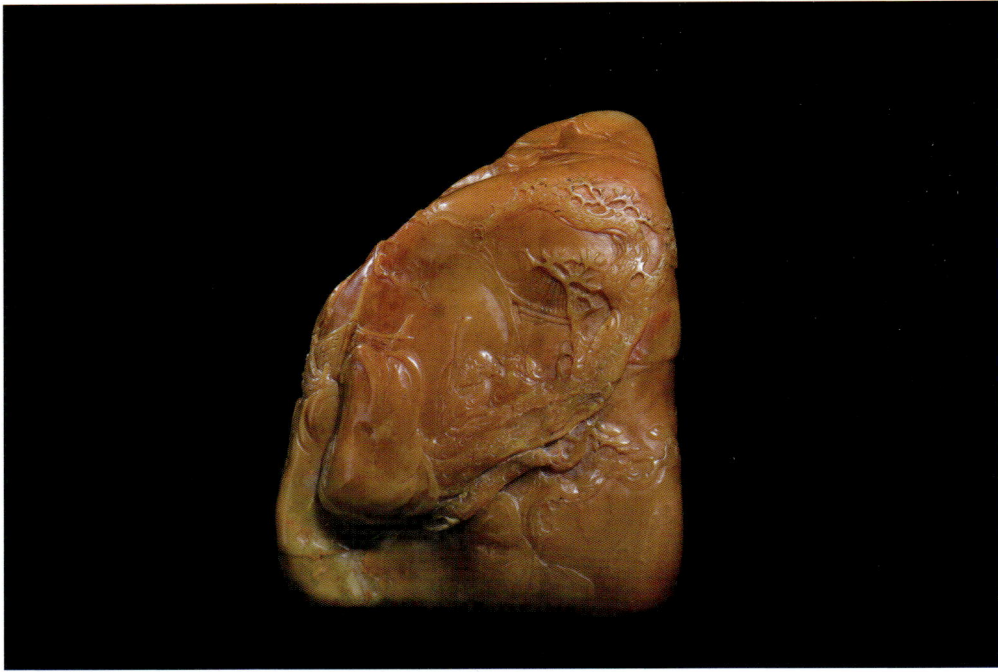

山居雅士　　石种：田黄石　　尺寸：8cm×7cm×5cm　　480.2克

抱琴访友图　　石种：田黄石　　尺寸：8.5cm×5cm×4cm　　297.5克

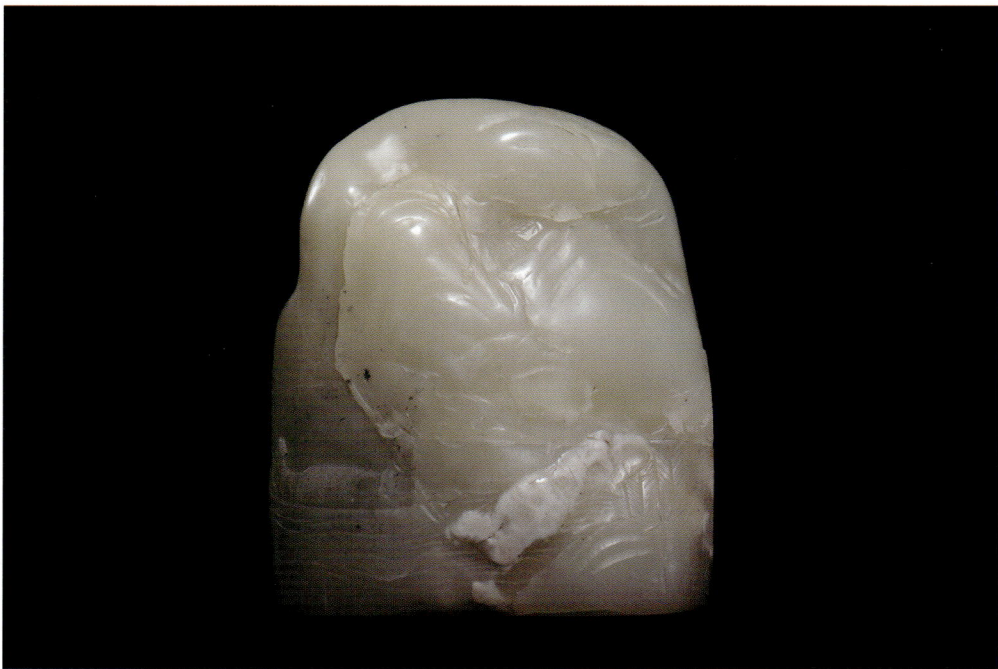

山水图　　石种：白田黄石　　尺寸：8.5cm×7.5cm×3.3cm　　382.4克

自在观音　　石种：田黄石　　尺寸：6.6cm×4cm×2cm　　53.2克

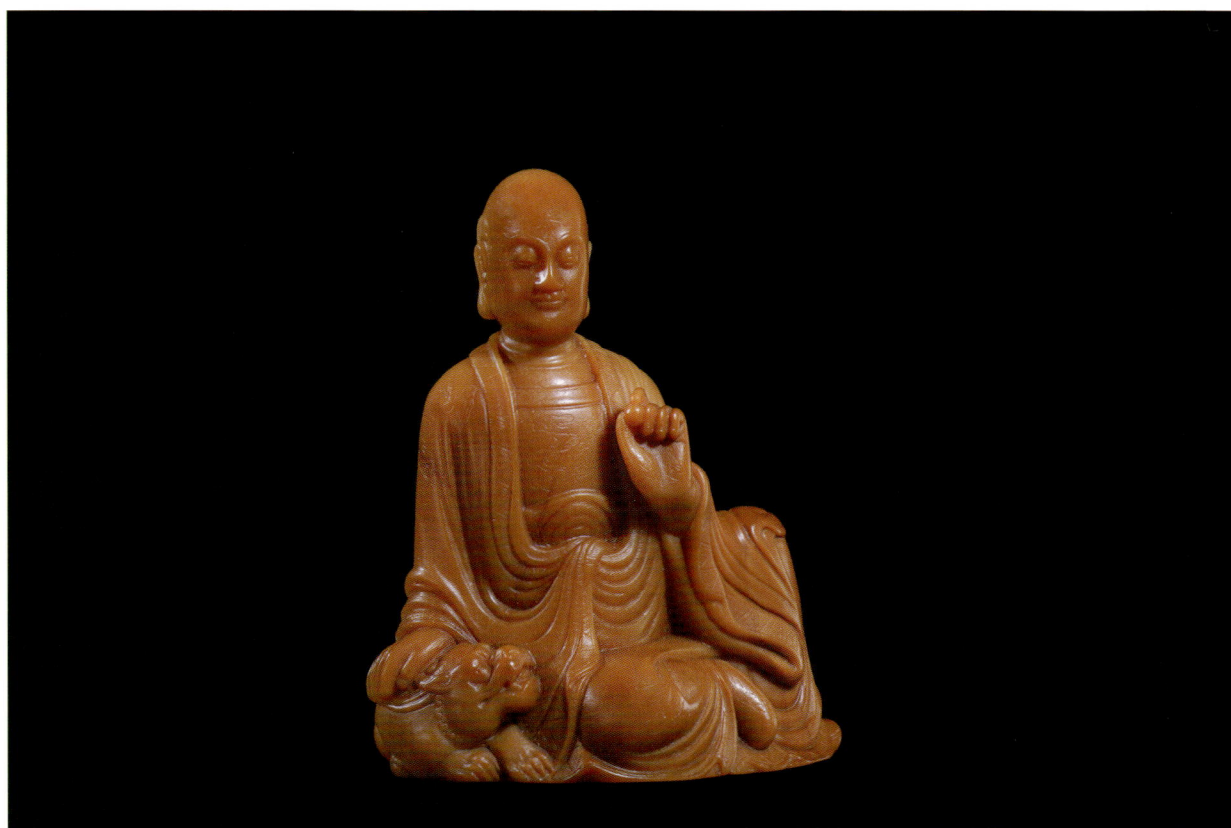

罗汉　　石种：田黄石　　尺寸：12cm×7cm×3.2cm　　364.6克

周马庄
ZHOU MAZHUANG

　　周马庄，定居厦门。东海县政协委员，中国收藏家协会会员，厦门萍乡市商会党支部书记兼常务副会长，厦门市晶香红商贸有限公司董事长。曾任福建省收藏家协会理事兼厦门代表处副主任、沉香收藏委员会主任。

　　周马庄主要收藏福建沉香、水晶，与省内外各产香地区以及沉香和水晶收藏馆合作密切，除收藏、保护具有代表性的精品沉香、水晶外，还经常参加水晶和沉香文化交流、专家互访研讨、福建省水晶、沉香文化遗产保护等活动。

遍地黄金　尺寸：19cm×18cm×13cm

江山一片红　尺寸：23cm×12.5cm×11cm

原矿景石　　尺寸：19cm×14cm×12cm

铜发晶　　尺寸：13.5cm×18cm×11.5cm

麒麟献宝　　尺寸：41cm×52.5cm×21cm

极品钛金花　　尺寸：24cm×18cm×10cm

郑长虹
ZHENG CHANGHONG

　　郑长虹，香港郑长虹珠宝公司创始人，福州大学工艺美术研究院珠宝玉石研究员，金中维珠宝教育培训中心创业导师，中国轻工珠宝玉石鉴定师和评估师，香港珠宝学院翡翠评估师，福建省宝玉石协会认证首饰设计师，厦门市工艺美术协会珠宝玉石委员会翡翠专委主任，厦门市工艺美术协会常务副会长，国际翡翠协会成员。主要藏品为翡翠、猫眼石，如翡翠球《圆满》、翡翠牌《平安无事》、翡翠《观音》、猫眼石《绿柱》等。

翡翠　平安无事牌　　尺寸：5.11cm×2.55cm×1.17cm

翡翠　圆满　　尺寸：4.4cm×2.56cm×1.73cm

翡翠 观音　尺寸：8.18cm×4.43cm×1.27cm

关公　尺寸：6.05cm×4.02cm×1.32cm

猫眼石　绿柱　　尺寸：4.59cm×3.4cm×2.46cm

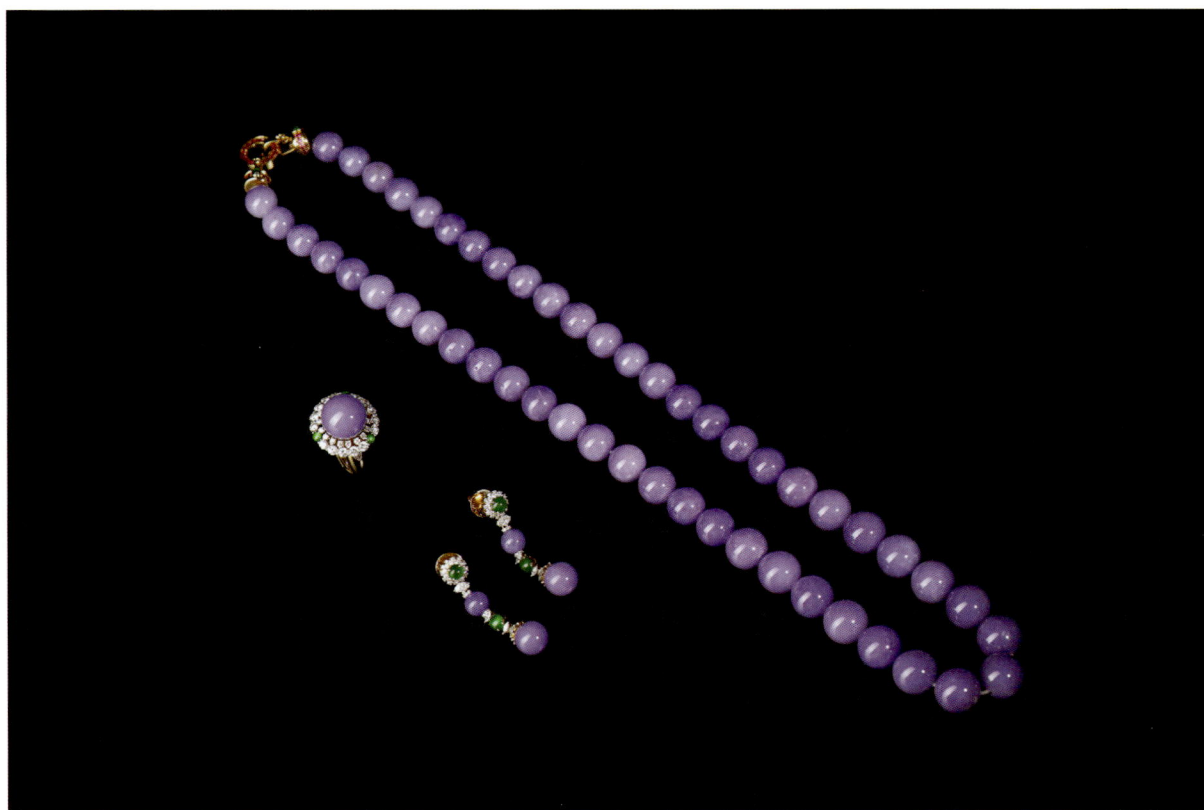

紫气东来　　尺寸：珠子1.0—1.32cm，耳坠约0.95cm，戒指1.27cm

郑而兵
ZHENG ERBING

　　郑而兵，福建福清人。巨融集团有限公司董事长，北京闽商联盟投资协会会长，福建省收藏家协会名誉会长。

　　郑而兵的主要藏品为著名油画家高一呼的作品，如《武夷山》《鼓山涌泉寺》《秋色满园》等。

武夷山　　作者：高一呼　　1978年　　尺寸：36cm×50cm

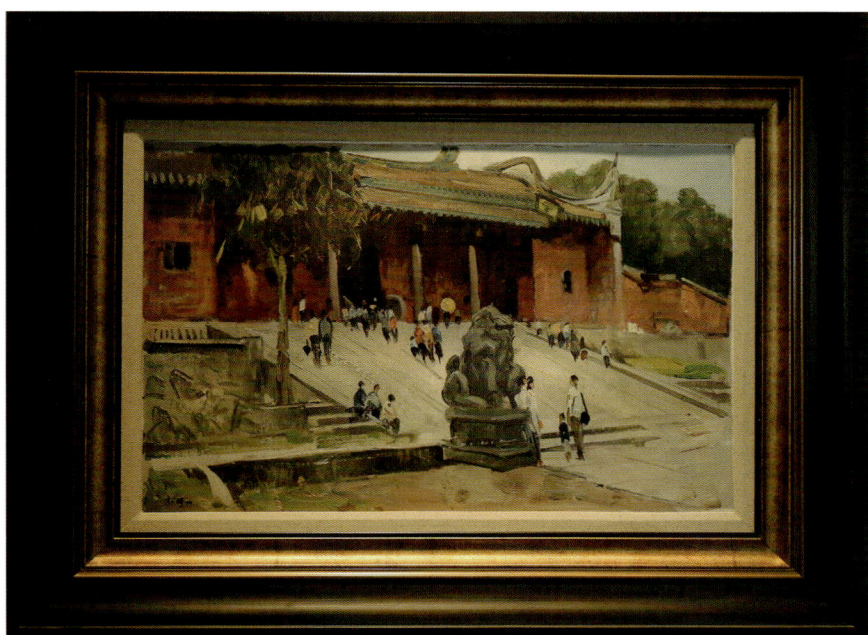

鼓山涌泉寺　　作者：高一呼　　1979年　　尺寸：43cm×68cm

云雾庐山小景　　作者：高一呼　　1979年
尺寸：54cm×39cm

天人合一　　作者：高一呼　　1993年　　尺寸：85cm×116cm

裸女　　作者：高一呼　　1993年　　尺寸：92cm×72cm

大学生　　作者：高一呼　　1995年　　尺寸：52cm×66cm

武夷之晨　　作者：高一呼　　1986年　　尺寸：74cm×130cm

秋色满园　　作者：唐承华　　2019年　　尺寸：60cm×70cm

郑明烈
ZHENG MINGLIE

郑明烈，中国人像摄影学会副主席，厦门市婚庆产业联合会会长，厦门维纳数字艺术产业园董事长。主要藏品为数字复刻作品。

建有元晟数字艺术馆，总面积6000平方米，是集艺术创作、艺术发布、艺术智造、艺术及艺术衍生品IP运营、艺术直播、艺术青创孵化、艺术休闲文旅为一体的综合艺术园。元晟数字艺术馆还引入艺术名家工作室，涵盖油画、书法、国画、漆画、雕塑、当代艺术等多种类别。

望日葵 （原作）　　作者：张立平

尺寸：99cm×80cm

望日葵 （艺术数字复刻）

虎虎生威 （原作） 　作者：林涛

尺寸：99cm×72cm

虎虎生威 （艺术数字复刻）

红色莲莲 （原作）　　　作者：汤志义

尺寸：96cm×80cm

《红色莲莲》 （艺术数字复刻）

百年厦大，风雨兼程 （原作）

作者：方广智

尺寸：66cm×100cm

百年厦大，风雨兼程 （艺术数字复刻）

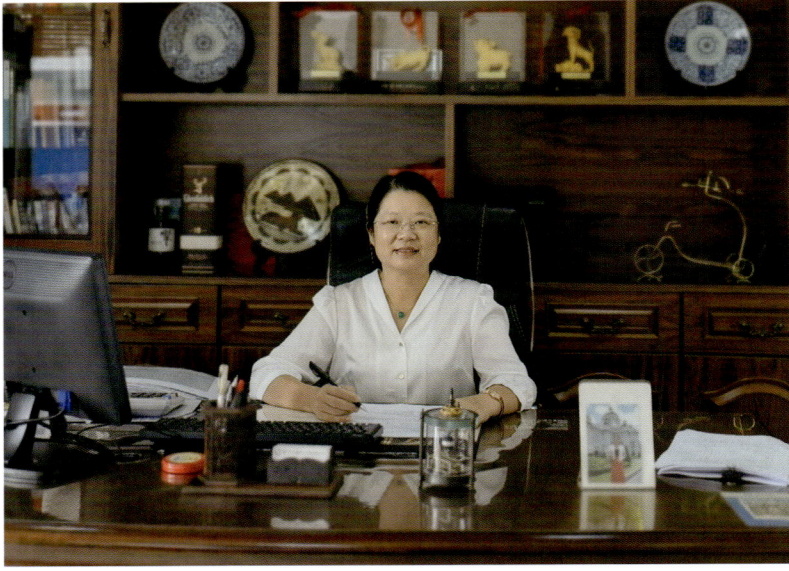

郑素萍
ZHENG SUPING

郑素萍，福建厦门人。毕业于中南财经政法大学。现任政协第五届厦门市翔安区委员会委员、福建省收藏家协会理事、厦门市同安区古文化收藏协会副会长、厦门嘉力和种子进出口有限公司总经理、厦门天行健信息技术有限公司总经理、厦门中正互联网医院有限公司总经理。

收藏的古陶瓷类型多样，既有唐宋时期的唐三彩、龙泉窑珠光瓷、金村窑瓷器，也有出自清三代的景德镇窑瓷器，等等。

同安汀溪窑青釉花卉纹碗　　尺寸：口沿直径6.5cm，高度6.5cm

同安汀溪窑青黄釉花卉纹碗　　尺寸：口沿直径17.1cm，高7.5cm

龙泉窑越刻花碗　　尺寸：口沿直径18cm，高7.5cm

缠枝牡丹纹三足炉　　尺寸：口沿直径15.2cm，高12.7cm

香草龙纹青花盘　　尺寸：直径20.2cm，高4.2cm

景德镇窑　青花盖碗　　尺寸：高17.5cm，宽23cm

青瓷　尺寸：口沿直径11cm，高27cm

三彩　尺寸：口沿直径12cm，高20.5cm，宽24cm

郑碧光
ZHENG BIGUANG

郑碧光，1956年生于福建漳州。中共党员。诏安县书画收藏学会副会长。

从20世纪90年代开始，郑碧光致力于近代、当代书画名家作品的收藏，也注重于地方书画家前辈作品的挖掘、整理。

一勶春風休萬戶

百身好事合雙心

一九五〇年春節

鳳池賢兄右

豐子愷書

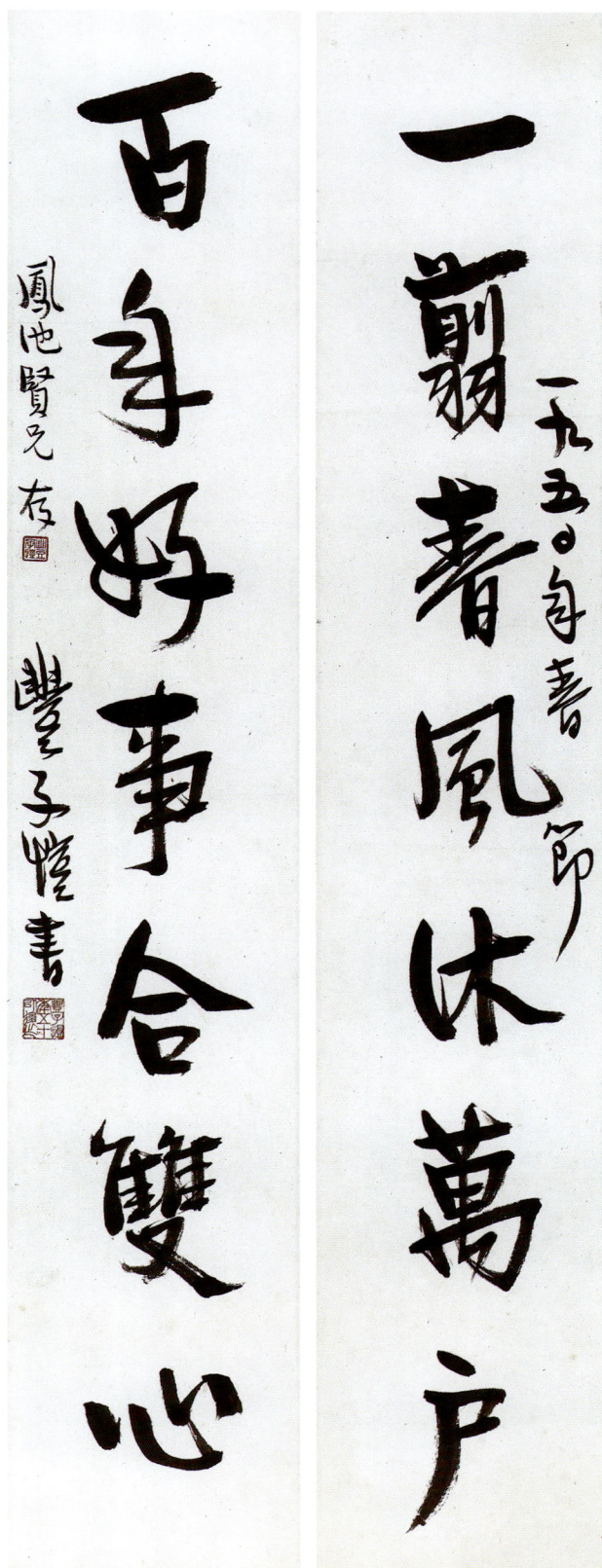

行書七言聯　　作者：丰子恺　　尺寸：68cm×13cm×2

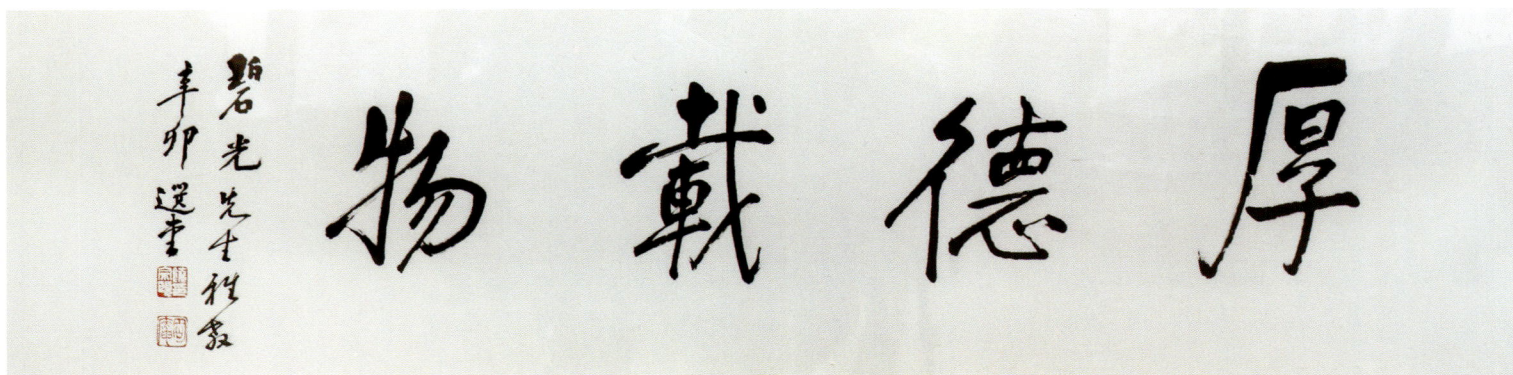

厚德載物

碧君先生程家

辛卯選書

厚德載物　　作者：饶宗颐　　尺寸：35cm×138cm

秋菊　　作者：黄幻吾　　尺寸：93cm×35cm

鸡冠花　　作者：庞薰琹　　尺寸：68cm×40cm

罗马巴拉恰诺湖滨小景　　作者：沈柔坚　　尺寸：30cm×39cm

高士闲逸图　　作者：王明明　　尺寸：68cm×68cm

苗女　　作者：庞薰琹　　尺寸：47cm×33cm

仁者乐山，智者乐水　　作者：林墉　　尺寸：68cm×68cm

柯成昆
KE CHENGKUN

　　柯成昆，1953年出生于福建厦门。中国盆景艺术大师，福建省非物质文化遗产代表性项目（闽派盆景技艺）代表性传承人。现任中国盆景艺术家协会常务副会长、厦门盆景花卉协会会长。

　　柯成昆收藏并培育了"阅历雄姿""舞韵""十八罗汉""不屈""和风衔月""蓄势待发"等诸多名品，相继荣获2006中国（陈村）国际盆景赏石博览会银奖、第二届中国（陈村）盆景赏石博览会暨首届中国盆景精品大奖赛金奖、第六届中国国际园林花卉博览会金奖、首届海峡两岸（厦门）盆景精品展大奖赛特等金奖、首届中国唐风盆景展一等金奖、第二届中国唐风盆景展二等金奖、第三届中国唐风盆景展一等金奖、2019国际盆景赏石大会金奖及特别荣誉奖、2020（临沂）中国尊——中国盆景收藏家藏品国家大展金奖等国内外盆景专业展会的重要奖项，是厦门得金奖最多的中国盆景大师，部分作品已收录于《世界盆景金奖集》。现创作及收藏精品盆景200多种。2021年8月，出版了首部闽派盆景专著《闽风盆韵——非遗传承人柯成昆先生论闽派盆景艺术》。

巨型红榕　　尺寸：160cm×180cm

榕树（一）　　尺寸：150cm×320cm

榕树（二）　　尺寸：120cm×170cm

榕树（三）　　尺寸：120cm×180cm

榕树（四）　　尺寸：150cm×330cm

榕树　十八罗汉　　尺寸：130cm×130cm

真柏（一）　　尺寸：130cm×130cm

真柏（二）　　尺寸：130cm×130cm

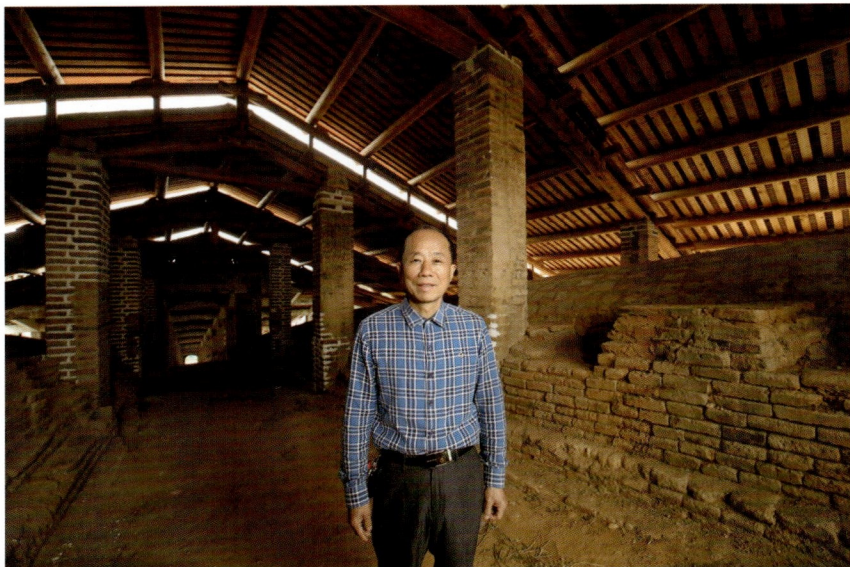

柯福晟
KE FUSHENG

　　柯福晟，厦门同安人。1978年厦门大学中文系函授结业。2013年清华大学艺术金融管理高级研究班结业。助理工程师。中国钱币协会纸币专业委员会常务委员，中国收藏家协会体育文化收藏委员会副主席，福建省收藏家协会钱币委员会会长，2005年景德镇中国国际陶瓷博览会评委。2010年获得"中国十大人民币收藏家"称号。

　　20世纪80年代开始收藏邮票，90年代开始收藏中国自商代以来发行的金、银、铜币近万种及自元代以来发行的纸币，共计10000多种，其中象征中华民族历史文化特色的龙图腾纸币1100多种，是我国龙图腾系列纸币品种最多的个人收藏家。另收藏有新中国第一套人民币大全套696种。

　　2010年全资收购了拥有200多年历史、占地50000多平方米的同安陶器厂，现存5条古龙窑窑址，2009年被国务院列为第三批全国文物普查的十大重要文物新发现之一，2019年被上海大世界基尼斯总部颁发"单条最长的龙窑"和"拥有龙窑数量最多的龙窑群"两项"大世界基尼斯之最"称号。

同安汀溪窑刻划花青瓷碗　　尺寸：直径21cm，高10cm

同安石浔窑青瓷碗　　尺寸：直径17cm，高6.5cm

太宗赏节（瓷版画）　　作者：李贵镇　　尺寸：60cm×109cm

同安古韵（瓷版画）　　作者：李贵镇　　尺寸：100cm×200cm

金山（油画）　　作者：徐里　　尺寸：90cm×109cm

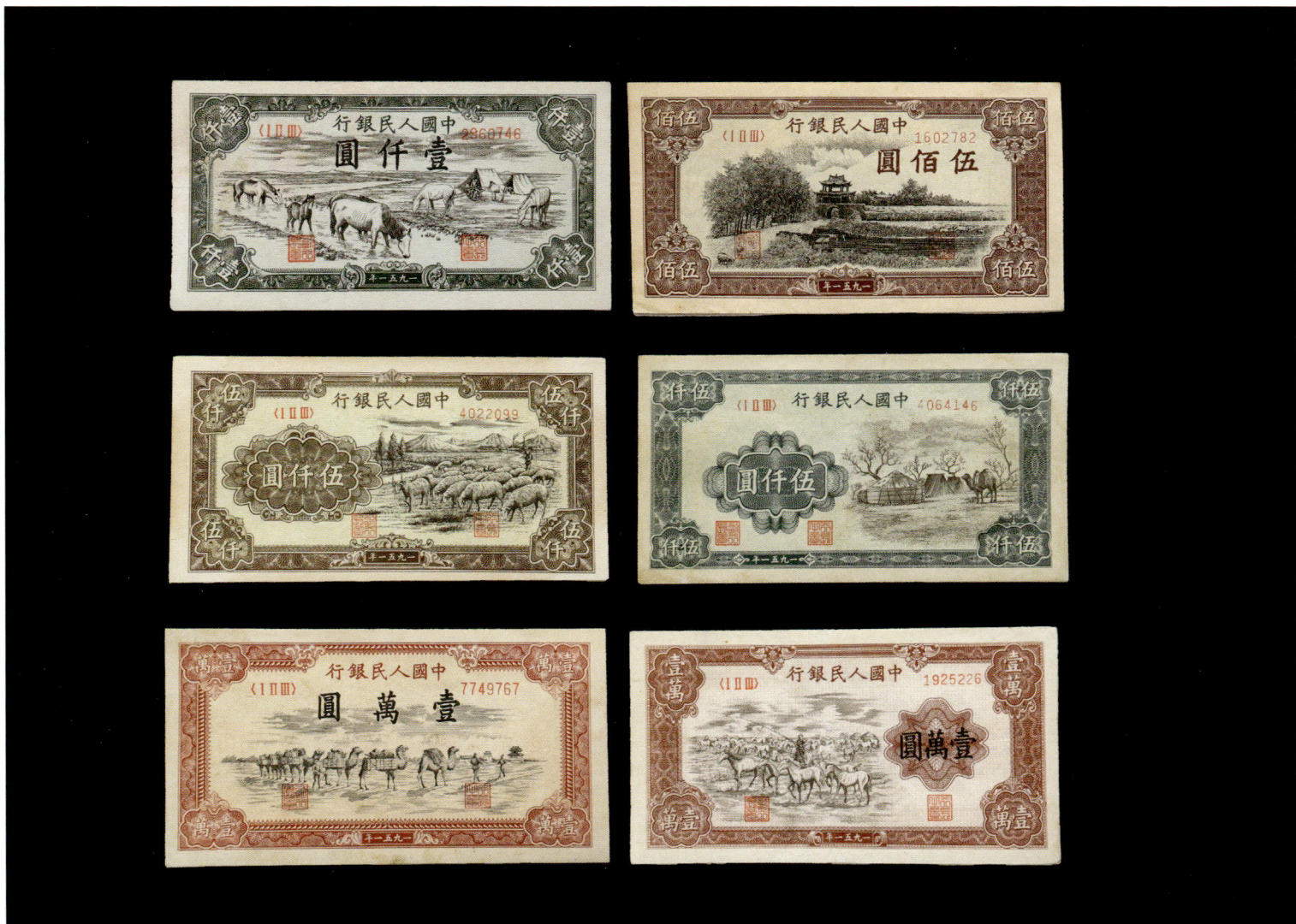

中华人民共和国第一套人民币"六大天王"

施金镇
SHI JINZHEN

施金镇，1978年出生于泉州晋江，现居石狮。福建省收藏家协会理事兼泉州代表处副主任。

2010年，施金镇开始学习收藏，聚焦现代工艺美术大师的优秀作品，并创办了福建盛世御品文化传播有限公司。

施金镇的藏品以陶瓷为主，主要是福建籍中国工艺美术大师柯宏荣、陈桂玉、连紫华、苏献忠、陈明良等的作品，这些作品极具闽派特色，并多次获奖。

坐岩观音　　作者：连紫华　　尺寸：39cm×23cm×17cm

渡海观音　　作者：陈明良　　尺寸：42cm×15cm×13cm

如意轮观音　　作者：连紫华　　尺寸：36cm×23cm×18cm

月牙泉　　作者：柯宏荣、陈桂玉　　尺寸：30cm×40cm×18cm

宝莲豪光观音　　作者：许兴泽　　尺寸：37cm×15cm×15cm

济公　　作者：周雅各　　尺寸：20cm×18cm×13cm

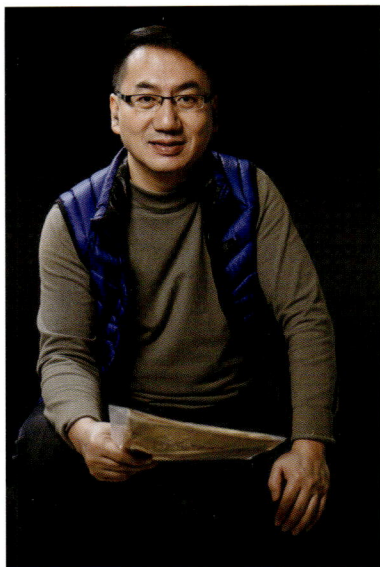

施政强
SHI ZHENGQIANG

　　施政强，1970年出生于福建永春。号自强斋斋主。中国收藏家协会会员，永春一中梅峰书院副院长，福建省收藏家协会古玩字画专业委员会永春县活动中心原主任，永春县生态文明研究院美丽永春行动委员会委员。

　　施政强长期致力于闽南非遗文物的收藏与研究，抢救并保护了一大批传统艺术珍品，其藏品涵盖文献、牌匾、瓷器、书画、竹木雕刻诸多门类，极具历史、科学和艺术价值，为民间收藏树立了一个典范，也是国有博物馆的重要补充。

"为国桢干"匾额　　1928年　　尺寸：56cm×118cm

清康熙永春白鹤拳创始人方七娘木雕像　　尺寸：17.5cm×8.5cm×7.5cm

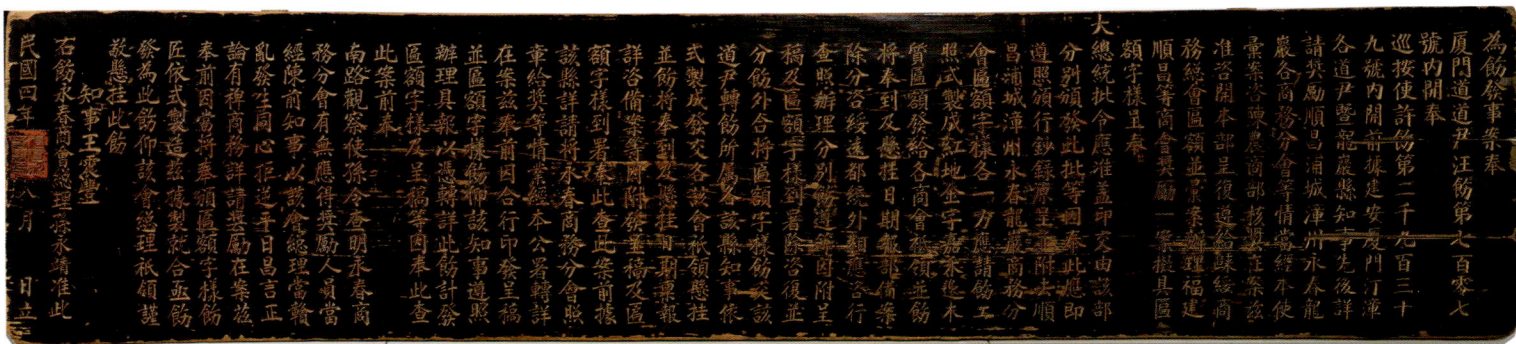

大总统批颁发永春县商会匾额　　1915年　　尺寸：42cm×206cm

永春窑"三顾茅庐"青花瓶
尺寸：底径9cm，口径8.7cm，高33.7cm

德化窑白釉古阿拉伯文开光三足炉
尺寸：外径12.2cm，内径10.5cm，高7.2cm

茄皮紫釉香炉
尺寸：口径13.4cm，腹径15.2cm，底径10.7cm，高7cm

永春纸织画《福禄寿三星图》
尺寸：140cm×84cm

永春竹木八角金彩漆果贡盒　　1940年　　尺寸：24.5cm×24.5cm×9.5cm

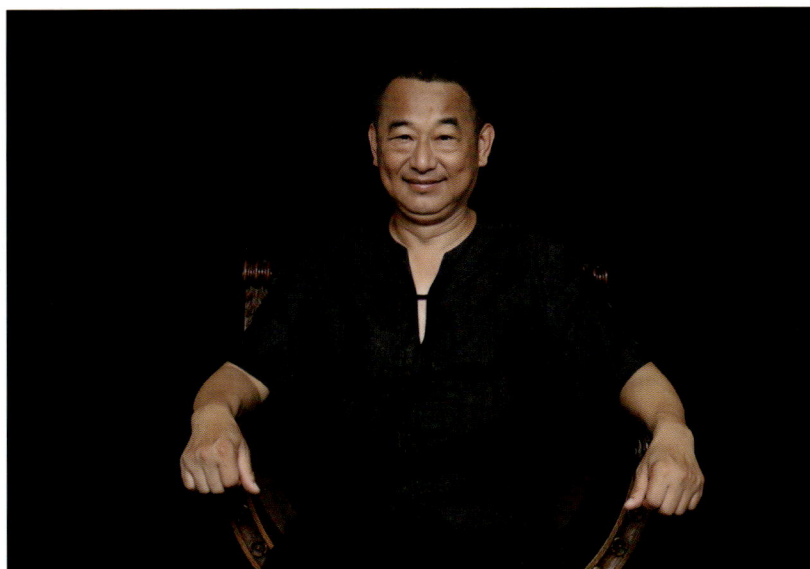

洪明章
HONG MINGZHANG

　　洪明章，台湾屏东人，祖籍福建南安，现居厦门鼓浪屿。福建省收藏家协会厦门收藏研究中心顾问。曾任福建收藏家协会名誉会长，泉州闽台缘博物馆研究员和厦门民俗协会副会长。

　　2000年开始从事有关海峡两岸民俗文化的历史事物的收藏和展出工作，藏有10万多件民俗文物，设立了诸多博物馆，如百年鼓浪屿博物馆、厦门故事博物馆、中国永定初溪土楼博物馆、永定虎豹别墅侨乡博物馆、福州三坊七巷匾额博物馆、平潭海坛古镇海峡两岸馆、集美闽台小镇官用品博物馆、海沧东孚电影博物馆。每年接待游客上万人，深受大众喜欢，被媒体多次报道。

堂匾　　作者：（明）朱熹

竹影兰香联　　作者：（明）朱熹

明代朱熹画像

1880年的鼓浪屿全景

原英国领事馆门口铜狮

百年鼓浪屿民俗馆照片

倪建东
NI JIANDONG

　　倪建东，1969年出生。民盟盟员，工程师，全国二级建造师，室内注册设计师。1992年创办泉州外经广告装潢有限公司，2006年合伙创办清雅居会所，2010年创办文泽艺术馆，2013年与木林森集团合作成立木林森艺术馆，2015年创办泉州养艺轩素食餐厅。是泉州企管会副会长、福建省收藏家协会副会长、福建省收藏家协会泉州代表处主任、泉州国画学会会长、泉州市养艺轩文化传播有限公司董事长。自幼喜画马及收藏，主要收藏书画、老相机、瓷器、车模、唐卡等。

布莱尔盒装相机　　尺寸：25cm×40cm×25cm

桑德森相机　　尺寸：25cm×35cm×20cm

法国高蒙公司的立体相机　　尺寸：8cm×20cm×7cm

格拉菲相机　　尺寸：25cm×17cm×10cm

泉州老罗克照相馆首台相机　　尺寸：130㎝×90㎝×80㎝

高斌
GAO BIN

　　高斌，国家人社部认证钟表高级技师，中国轻工业联合会认证名贵钟表鉴定师，中国钟表协会理事，中国文物协会钟表专业委员会常务理事，全国钟表标准委员会委员，中国钟表协会收藏委员会委员，全国机械手表维修工职业技能竞赛裁判员，国家市场监督管理局缺陷产品召回技术专家，中国商业联合会钟表眼镜商品质量监督检测中心特聘鉴定师，澳门钟表协会副会长，天津现代职业技术学院客座教授，全国消费维权新媒体联盟钟表商品专家委员会专业委员，厦门市钟表协会发起人之一，厦门市价格认证中心特聘专家，厦门市高斌时计文化有限公司高斌钟表4S店创始人、技术总监。

　　从事名表维修30余年，擅长修复各种古董钟表及各类复杂功能名表。高斌将钟表收藏作为自己的爱好和工作的一部分。他的藏品种类丰富，工艺精湛，制作精美。最早的藏品可追溯至16世纪。

　　2019年1月，高斌携手中国钟表协会收藏研究委员会、故宫鼓浪屿外国文物馆联合举办"钟鸣盛时——古董钟表至臻展"，展出的一百多件古董钟表，一半以上是高斌的个人收藏，其中包括珐琅、动偶、音乐、錾刻、大八件、玳瑁、鲨鱼皮等历史悠久、保存完好的怀表。

"磨刀匠工坊"两问动偶怀表　　尺寸：表径5.6cm

百达翡丽·18K黄金五套猎壳中心跳秒功能怀表　　尺寸：表径5.6cm

富硕·黑底雕刻内填珐琅百花大八件　　尺寸：直径5.7cm

播威·"比翼双飞"珐琅大八件　　尺寸：直径5.6cm

播威·银鎏金珠边珐琅百花图　尺寸：直径6.2cm

播威·百花珠边珐琅特大八件　尺寸：直径6.3cm

郭春梅
GUO CHUNMEI

郭春梅，福建漳州角美人。福建省古玩商会副会长兼漳州分会会长，福建金永鹏贸易有限公司董事长。

收藏种类繁多，包括玉器、瓷器、沉香木和佛像等。为培育福建古玩市场，使古玩市场规范有序发展，扩大福建古玩市场在全国的影响，郭春梅团结广大会员，维护会员的合法权益，提供行业服务，提升全省古玩行业的整体水平和从业人员的整体素质，为经济文化强省建设做出应有的贡献。

卧佛观音　　尺寸：33cm×83cm

花鸟大碗　　作者：邓肖禹　　尺寸：口径47.5cm，足径18.3cm，高19cm

大鸡图（石板画）　　作者：程意亭　　尺寸：81.5cm×39cm×4

福寿无疆（石板画）　　作者：王琦　　尺寸：121cm×66cm

越南沉香　　尺寸：树径90cm，高230cm

越南沉香　　尺寸：树径138cm，高268cm

康明义
KANG MINGYI

　　康明义，1971年出生于福建莆田，现定居厦门。曾研修于中央美术学院及清华大学。现为国家一级美术师，国务院国宾礼特供艺术家，中国水墨书画院副院长，中国非物质文化遗产保护联盟书画委员会成员，中国书画家联谊会新文艺群体委员会委员，中国国艺人民书画院副院长，中国社会艺术协会理事，文化和旅游部人才中心首批艺术人才，中国教育电视台水墨丹青艺术顾问，康氏（北京）书画院副院长，牛津艺术学院客座教授，加拿大皇家艺术学院客座教授，中央美术学院客座教授，集美大学美术学院客座教授，集美大学诚毅学院客座教授，厦门兴才学院客座教授，中国网书画院东南分院理事长兼副院长，中国诗酒文化协会诗书画院秘书长，厦门市人大书画院首届画师，厦门市政协书画院特聘画师，厦门市海沧区美术家协会顾问、驻村艺术家，福建省收藏家协会油画收藏委员会艺术总顾问，厦门市仙游商会名誉会长，厦门市幸福公益慈善会艺术顾问，厦门市室内装饰协会顾问，厦门市太极文化促进会会长，丝绸之路国际联合组织文化艺术总监，泉州中原文化促进会名誉会长，莆田市康氏委员会副会长，厦门市海沧区政协委员等。

　　康明义除了油画创作，主要收藏雕塑作品。

雕塑

雕塑

雕塑

雕塑

雕塑

雕塑

韩孝松
HAN XIAOSONG

韩孝松，1953年出生于福建福清，现定居厦门。

职业经理人，从事企业管理工作30多年。酷爱高古玉，研究及收藏古玉三十载，退休后的大部分时间都沉浸于古玉的学习与研究之中。

玉勒子　　尺寸：长6.6cm，大口径3.1cm，小口径2.5cm

玉蚕　　尺寸：长10cm，宽3.2cm，厚2.8cm

玉象　　尺寸：长5.8cm，宽3.8cm，厚2.8cm

玉象　　尺寸：长5.8cm，宽3.8cm，厚2.8cm

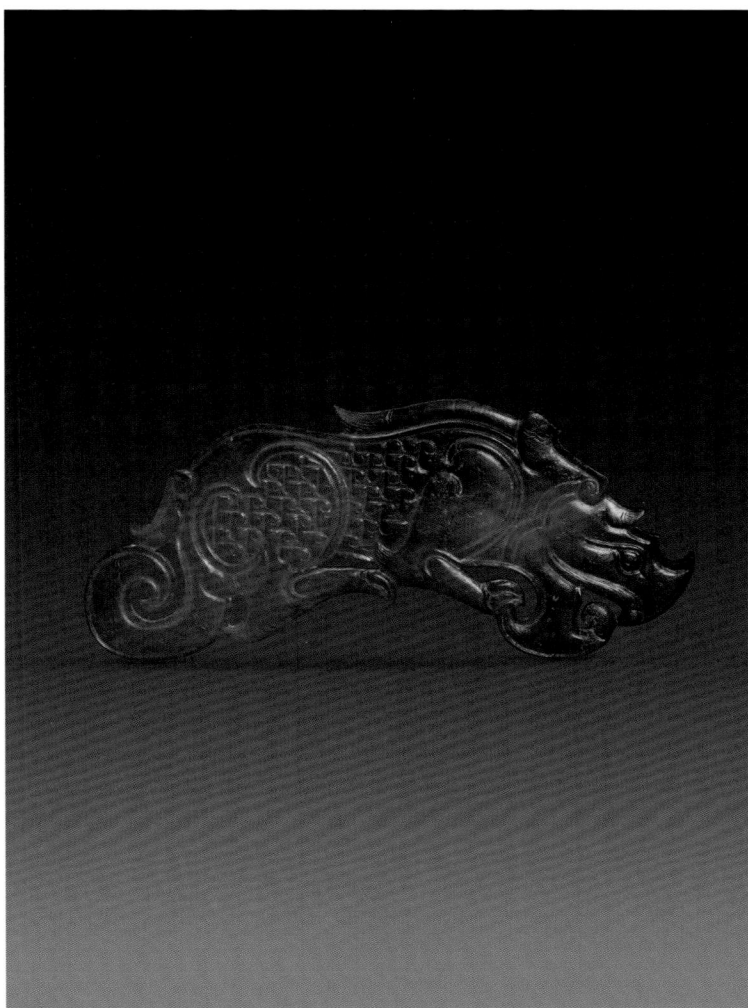

玉虎　　尺寸：长12.8cm，高5.5cm，厚0.5cm

傅群艺
FU QUNYI

　　傅群艺，1970年出生于福建南安。现任聚龙耕艺轩文化传播（泉州）有限公司董事长。聚龙耕艺轩文化传播（泉州）有限公司成立于2019年，是一家根雕艺术传承企业。艺术馆多件作品在国内外获奖。

心如止水　尺寸：81cm×76cm×69cm

禅　尺寸：63cm×57cm×55cm

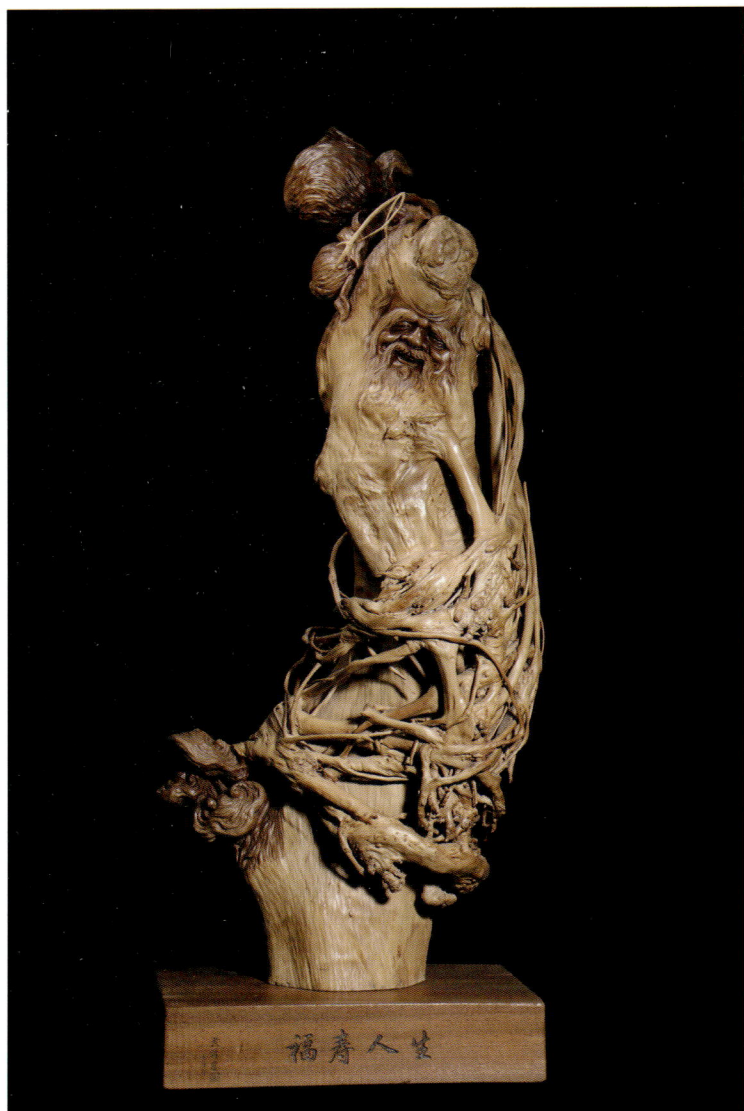

福寿人生　　尺寸：50cm×37cm×22cm

悟　　尺寸：152cm×133cm×108cm

大寿星　尺寸：204cm×108cm×108cm

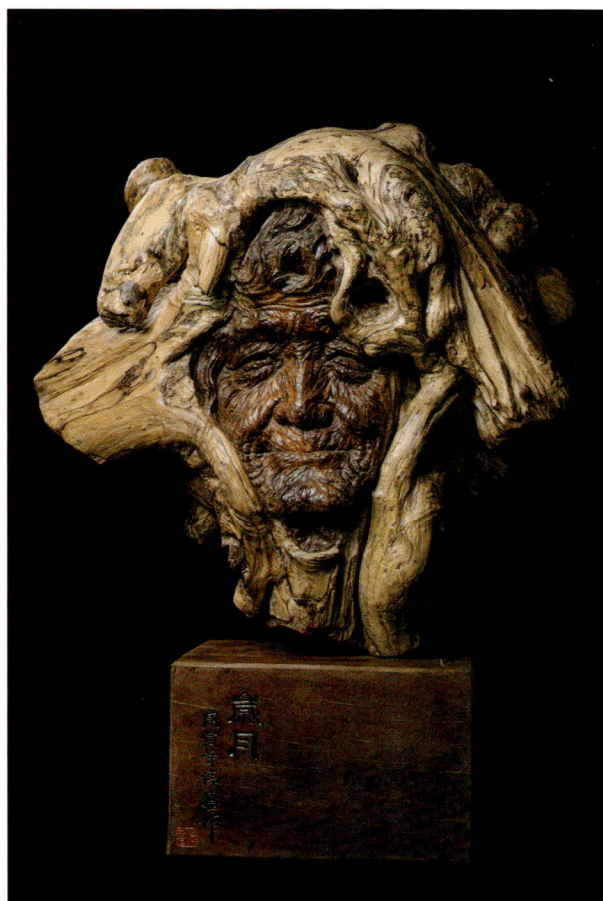

岁月　尺寸：67cm×60cm×40cm

曾华山
ZENG HUASHAN

　　曾华山，祖籍福建厦门。中共党员。现任厦门市鼓浪屿食品厂有限公司总经理，福建省鼓浪屿馅饼食品文化博物馆馆长，福建省收藏家协会名誉会长，中华老字号、福建省非物质文化遗产代表性项目（鼓浪屿馅饼）第十一代传承人。

　　基于对鼓浪屿馅饼的品牌故事的传承，曾华山于2015年成立了福建省鼓浪屿馅饼食品文化博物馆。博物馆深入挖掘和整理了鼓浪屿馅饼食品的历史与故事，将鼓浪屿馅饼、绿豆糕等厦门名点小吃的传统制作工具收入馆藏。它向广大民众展示了鼓浪屿食品厂的前世今生，多维度诠释了厦门人的食品文化，成了大家认识、了解鼓浪屿食品文化的一个窗口。

洪卜仁题词

何炳仲题词

王汉斌题词

古代鼓浪屿馅饼印模

鼓浪屿馅饼"中秋月饼"招牌　　尺寸：62cm×35cm

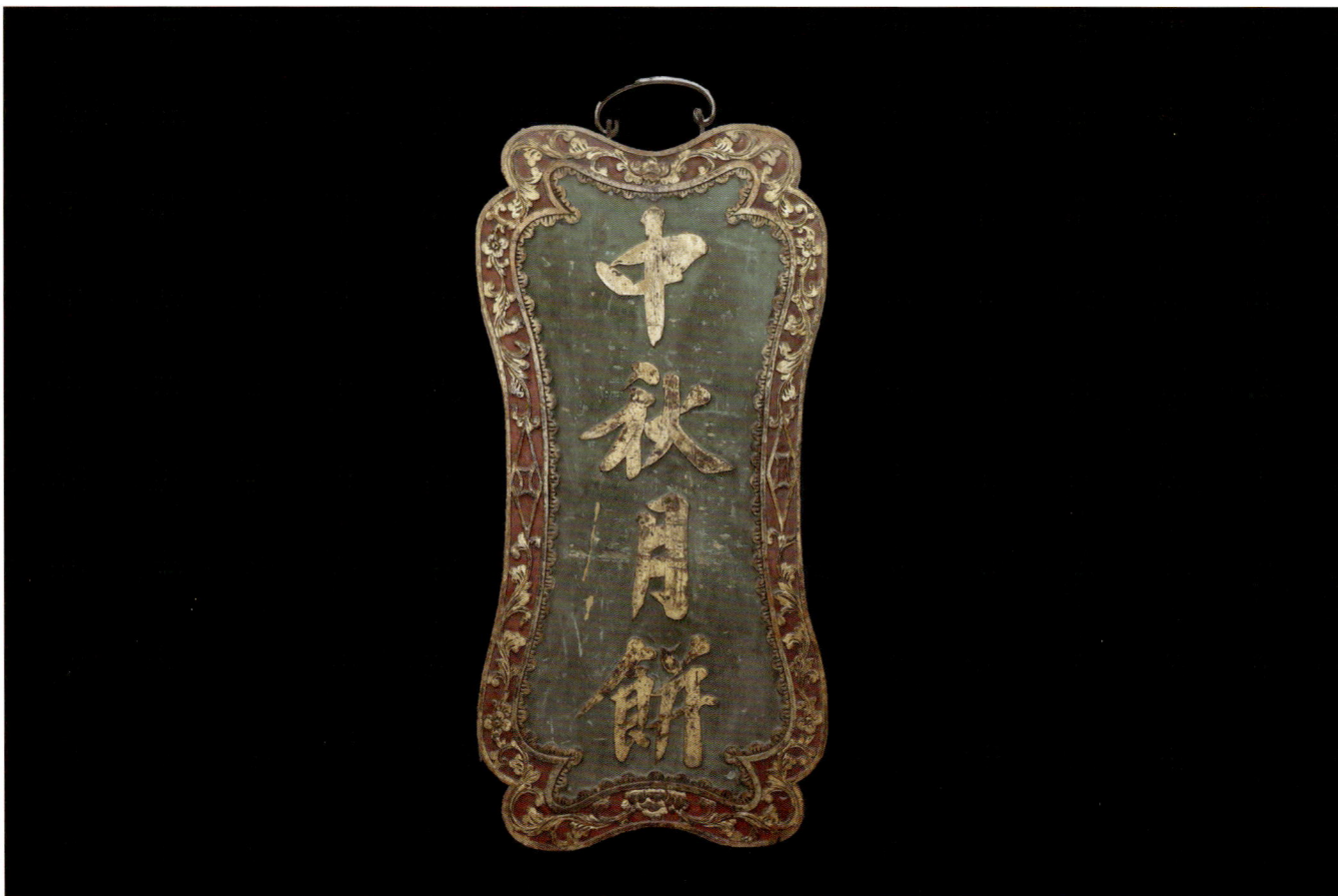

鼓浪屿馅饼"中秋月饼"招牌　　尺寸：66cm×32cm

谢世治
XIE SHIZHI

谢世治，1982年出生于江西上饶。中国近代机制币鉴定评级专家、机制币收藏家，福建省钱币学会理事，香港钱币协会永久会员。现供职于全球著名第三方钱币鉴定评级企业——PCGS公司，担任老银币评级师，对近代机制币作真伪鉴定及品相评分。

谢世治自小酷爱中国历代钱币，2004年开始收藏中国清代及民国的老银圆、铜圆。藏有多种珍稀银圆，如民国十八年（1929）三帆样币一套5枚。该套样币为民国政府北伐胜利后，以孙中山侧面像设计三帆船银圆，委托英、美、日、奥、意等国的造币厂代为刻铸模具。

随着藏品的丰富，2009年在厦门古玩市场成立闽南地区首家老银圆专卖店，专业经营银圆，其后在漳州天福园收藏文化街开设漳州老银圆分店。同时，在互联网以"一贯小钱"品牌经营老银圆。

意大利造币厂代刻模具三帆样币

奥地利维也纳造币厂代刻模具三帆样币

英国造币厂代刻模具三帆样币

美国造币厂代刻模具三帆样币

光绪三十年（1904）湖广总督张之洞在湖北银圆局铸造的湖北省大清银币库平一两。由于以两为单位不便于流通，不久便回收，流通于世的数量比较少

日本造币厂代刻模具三帆样币

宣统二年（1910）大清银币水龙样币

谢荣伟
XIE RONGWEI

　　谢荣伟，福建平和人，号系日楼主人。中国书法家协会会员，漳州市书法家协会副主席。书法作品入选全国第七、八届中青展，全国第七届国展，参加首届全国青年美术书法作品展、全国地域书风书法展等。多幅作品被《中国书法》等刊物推介，作品被多家博物馆和收藏家收藏。出版有《谢荣伟书法》。

　　谢荣伟自幼酷爱书法艺术，在黄道周、林语堂、周碧初等著名漳籍艺术先贤的熏陶下，加之受其舅舅启蒙，从小与书法结下了不解之缘。20世纪80年代初考入厦门大学深造，有幸得到谢澄光、张人希、余纲、吴孙权等书法家们的指导，笔耕不辍，书艺大进。

　　谢荣伟主要收藏现当代书画家的书画作品，如启功、潘主兰等。

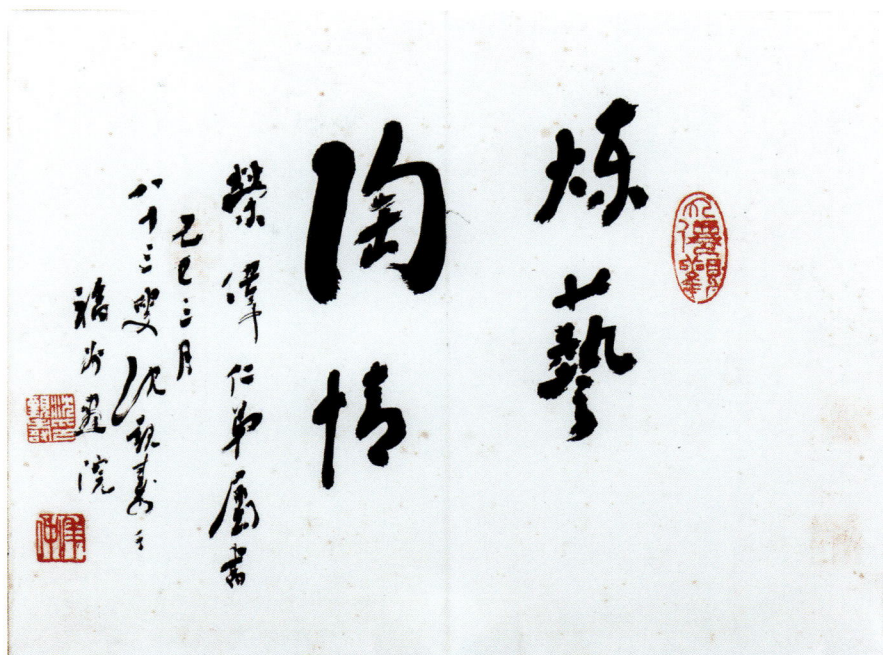

炼艺陶情　　作者：沈觐寿　　尺寸：20cm×30cm

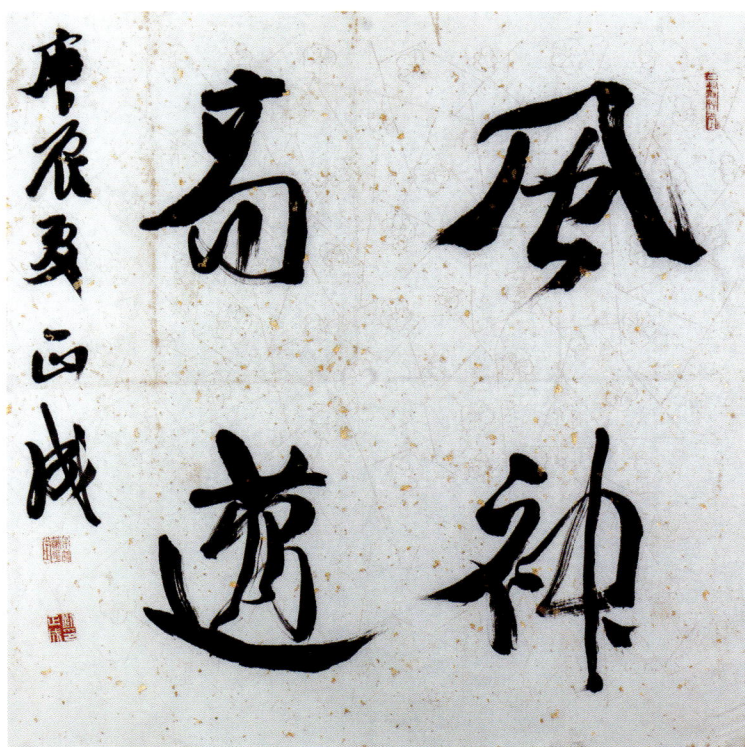

风神高迈　　作者：刘正成　　尺寸：68cm×68cm

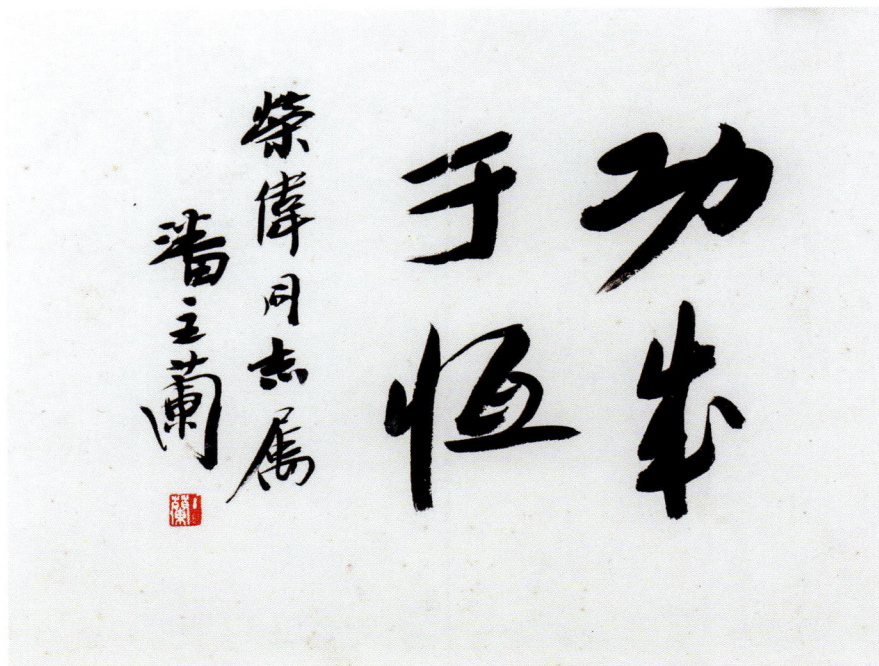

功成于恒　　作者：潘主兰　　尺寸：20cm×30cm

惠风和畅　　作者：启功　　尺寸：40cm×68cm

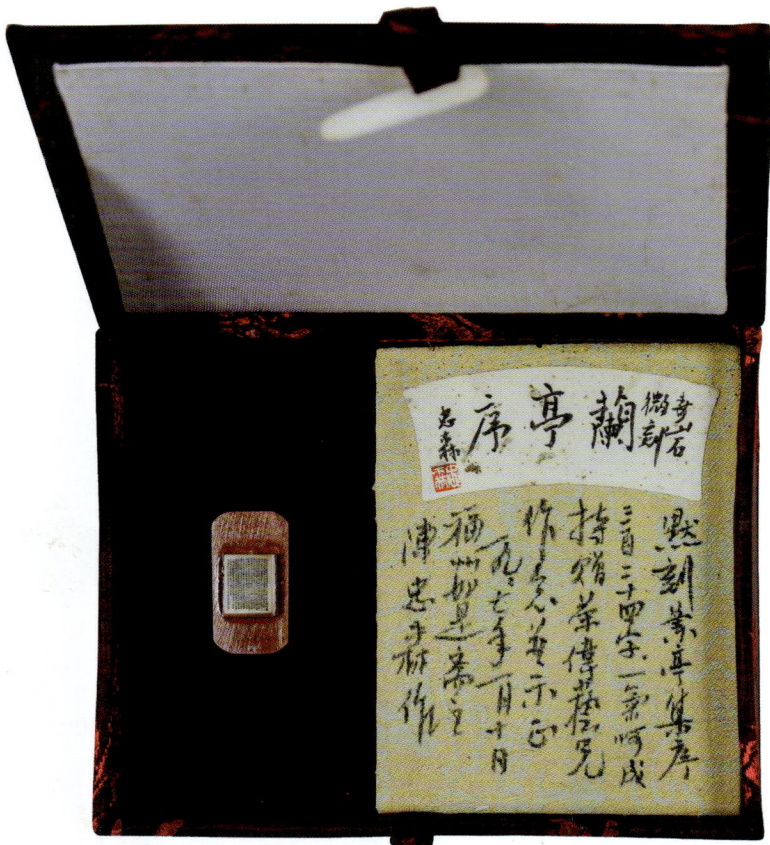

兰亭集序（微雕）　　作者：陈忠森　　尺寸：1cm×1cm×0.3cm

日照香炉生紫烟 遥看瀑布挂前川 飞流直下三千尺 疑是银河落九天 唐人李白诗 启功

行书条幅　作者：启功　尺寸：138cm×34cm

谢黄洪
XIE HUANGHONG

　　谢黄洪，1977年生于福建东山。现为国家一级美术师，国家文物艺术品鉴定师，中国收藏家协会理事，中国收藏家协会民族艺术品收藏委员会副主任，福建省收藏家协会名誉会长，中国社会主义文艺学会艺术品鉴定与评估委员会常委成员，四川西蜀张大千艺术研究院院士、高级画师，上海名家艺术研究协会理事，上海名家艺术研究协会张大千研究分会，中国美术家协会齐鲁创作中心《美术创作》《国画收藏》杂志编委，菱花馆艺文社副社长，闽台文化交流收藏委员会副主任，福建省宝树书画院漳州市分院院长，东山县谢黄洪艺术馆馆长。近年来，先后在美国、法国、迪拜、日本、印度等十几个国家和地区多次举办画展，受到世界各地艺术家、艺术收藏机构的关注和青睐。

　　谢黄洪从事中国水墨画创作，另辟蹊径，在国画创作中注入现代观念和现代绘画的表现手法，为中国画的继承与出新探索出了一种新的可能。作品在传统艺术和纯粹的观念艺术间保持着张力，其"彩墨鱼"系列作品受到了画坛和学术界的更多关注。主要收藏中国画等。

青铜四方高足尊　　尺寸：18cm×7cm

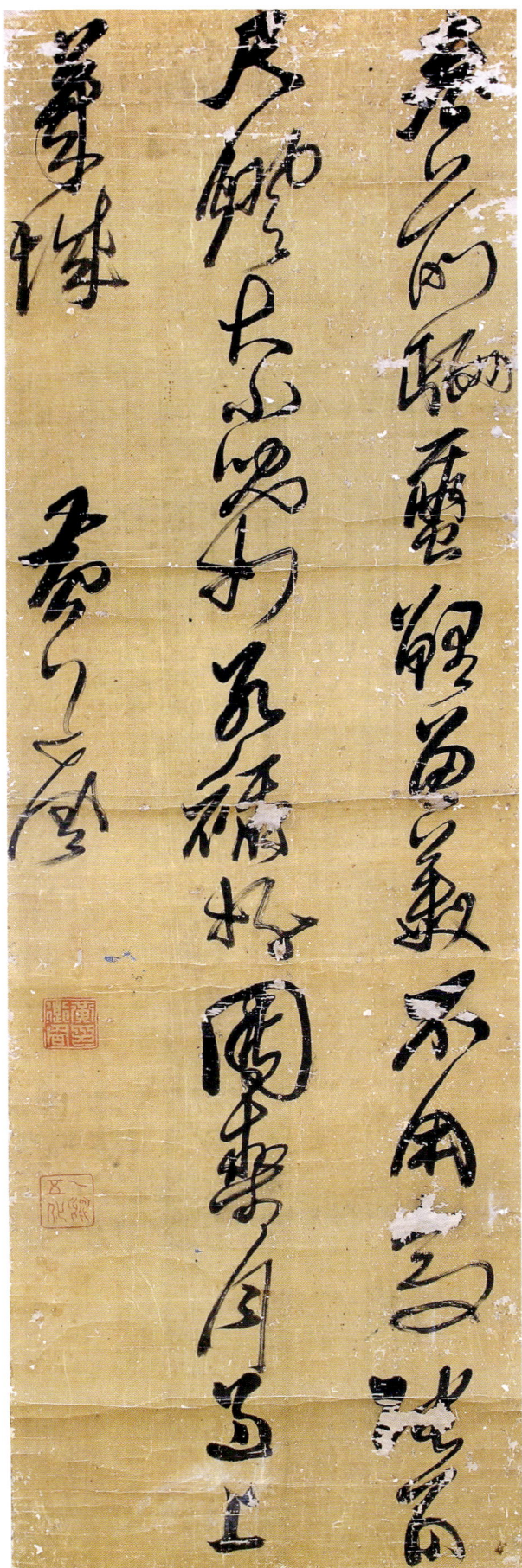

草书七言诗轴　　作者：黄道周
尺寸：147cm×49cm

青铜菩萨像　　尺寸：8cm×4cm

中宪大夫张起东先生合葬林安人墓志铭　　尺寸：90cm×45cm

铜嵌银丝如意凤凰纹钵式炉　　作者：石叟（福州僧人，艺术雕塑大师）
尺寸：5.5cm×10.5cm

黄金花丝镶嵌象　　尺寸：4cm×8cm

赖迎华
LAI YINGHUA

　　赖迎华，现定居厦门。厦门收藏家画轩创办人，福建省收藏家协会会员。

　　赖迎华致力于保护和抢救古旧书、字画，以收藏名人、名家书画为主。近年来，为推动和挖掘厦门文化艺术名家，赖迎华以老、中、青全方位发展的推广理念，开展了一系列艺术展览策划活动，如观复·名家系列（历代名人、艺术家等）。2022年11月，观复·名家系列推出了"杨夏林、孔继昭绘画作品收藏交流展"，受到了社会各界的一致好评。还有元宵日课群展系列、薪火相传——青年艺术传播系列等。

榕荫古道　　作者：杨夏林　　尺寸：68cm×138cm

深山古道　　作者：杨夏林　　尺寸：68cm×102cm

蝶恋花　　作者：孔继昭　　尺寸：64cm×50cm

白云无声暗自生　　作者：杨夏林　　尺寸：68cm×68cm

冠豸山中闽西连城胜景　　作者：杨夏林　　尺寸：100cm×67cm

简文龙
JIAN WENLONG

简文龙，漳州南靖人。土楼之光博物馆创办人，福建聚贤文化发展有限公司总经理。主要收藏瓷器、灯饰。

"瓦猫"文化

土楼之光博物馆琉璃展示馆

瓷器馆

灯饰系列

民俗文化馆

缝纫机系列藏品

蔡华
CAI HUA

　　蔡华，1971年出生于福建南平，现定居厦门。系政协福建省松溪县委员会第八、九届委员，国家高级摄影师，福建省收藏家协会厦门代表处副秘书长，福建省航拍协会会员，厦门手机摄影协会创会会员，佳能（中国）有限公司小篷车认证摄影讲师，厦门爱尚摄影主拍摄影师及多所培训机构摄影教师。

　　蔡华先生的祖父为中国共产党闽浙赣革命交通员，受家庭红色文化背景的熏陶，蔡华少年时期热爱集邮，《祖国山河一片红》《毛主席去安源》《毛主席万寿无疆》等一张张"红邮"开启了他的收藏之旅。定居厦门后，加入福建省收藏家协会，积极参与社团组织活动，在师友们的支持与指导下，开始收藏与研究玉石、古玩艺术品等。

掐丝珐琅观音坐像　　尺寸：高27cm

木雕罗汉一对　　尺寸：高30.5cm

木雕人物　　尺寸：高20cm

和田玉双瑞兽（龙）摆件　　石种：九龙璧　　尺寸：4cm×11cm×2.5cm

地中海风情·里奥马哲雷　　作者：张及时　　2017年　　尺寸：80cm×100cm

金山·五牛纳福　　作者：张及时　　2021年　　尺寸：125cm×150cm

蔡友堵
CAI YOUDU

　　蔡友堵，福建石狮人。号崇雅阁主人。系石狮市收藏家协会会长，石狮市第四次党代会代表，石狮市政协第二、三、四、五届委员，石狮市党员互助协会副理事长，福建省青商会第二、三、四届常务理事，福建省收藏家协会第四、五届名誉会长，泉州市收藏家协会名誉会长。30余年来醉心于寿山石的收藏、研究，矢志不渝。

　　蔡友堵认为，寿山石是福建特产，已然成为福建的一张名片。作为福建人，有责任弘扬、传承博大精深的寿山石文化，保护好大自然和先辈留给我们的文化遗产。为了留住珍贵的历史印记、留住美丽的乡愁，以物铭史，以藏系情，蔡友堵于2021年初在家乡石狮建起了寿山石收藏展示馆——崇雅阁，展示他收藏的各种品种、类型的寿山石、田黄石，免费向大众开放，并讲解寿山石收藏鉴赏知识。崇雅阁也是石狮市收藏家协会会员和收藏爱好者的学习交流之所。

寿山石结晶芙蓉冻　　作者：刘批　　尺寸：9.3cm×12cm×4.8cm

寿山石黄芙蓉冻　　作者：刘批　　尺寸：11cm×10.3cm×3.5cm

寿山石高山冻　　作者：刘批　　尺寸：16cm×14.5cm×7.5cm

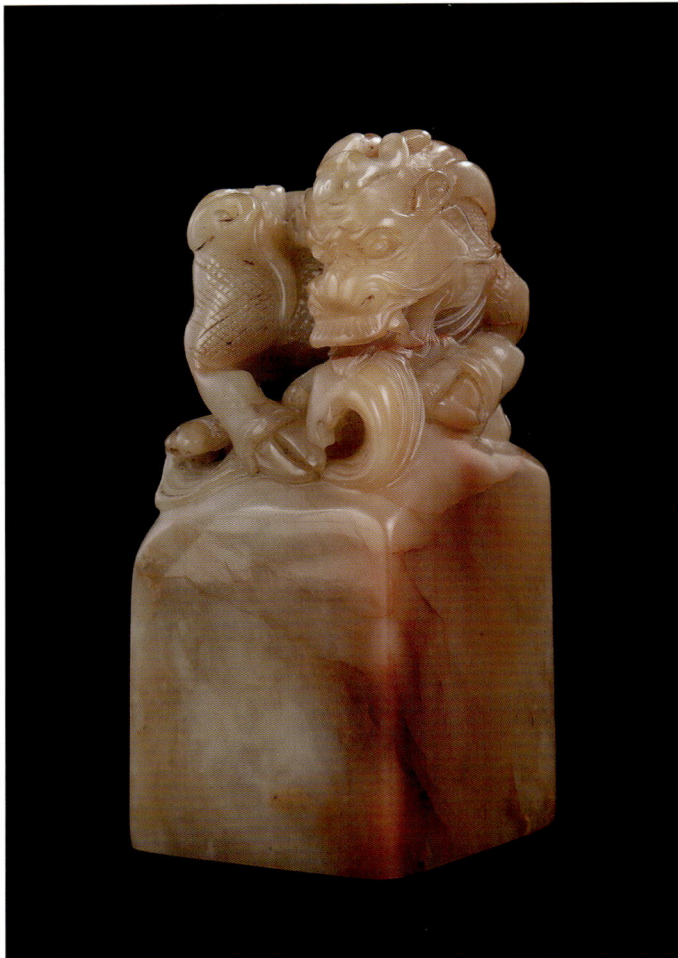

寿山石高山黄红荔枝冻　　尺寸：10.6cm×4.7cm×4.4cm

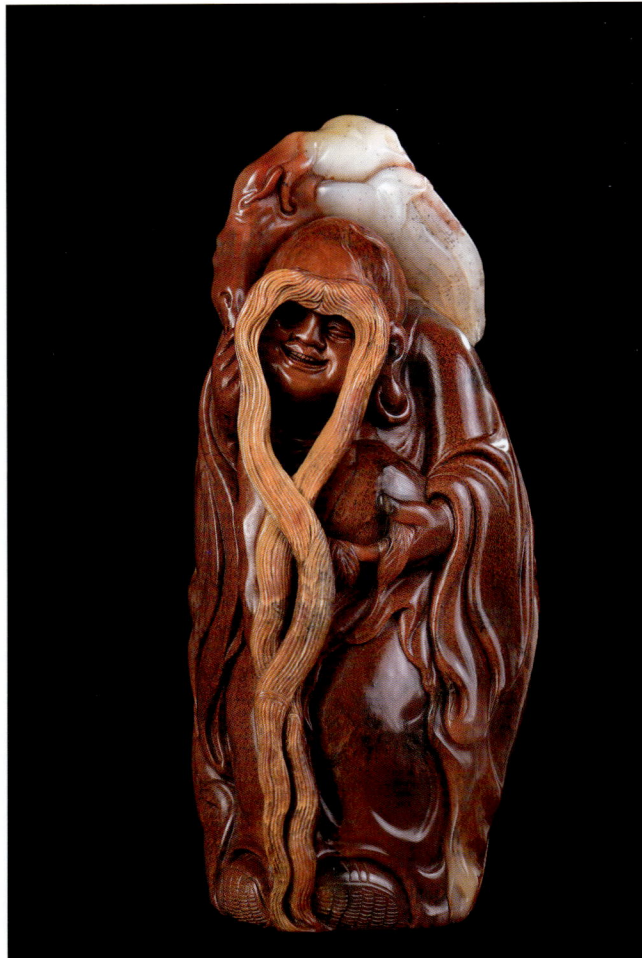

寿山石高山朱砂冻　　尺寸：16.5cm×7cm×5.6cm

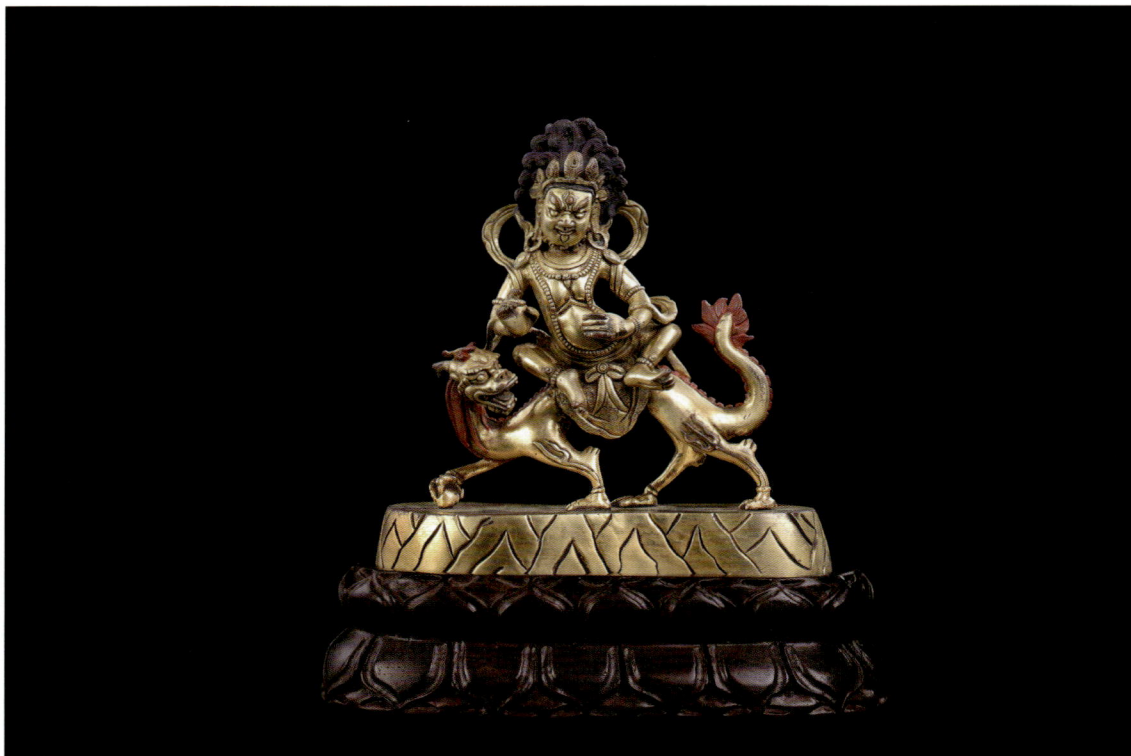

铜鎏金白财神摆件　　尺寸：13.5cm×13.2cm×4.5cm　　重：804g

铜鎏金大成就者坐像（海外回流）　　尺寸：底径17.5cm，高23cm　　重：4.2kg

铜鎏金嵌百宝长寿佛摆件（海外回流）

尺寸：底径15.7cm，高24cm

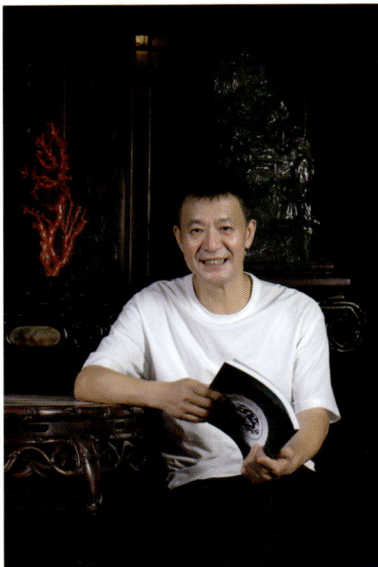

蔡耀辉
CAI YAOHUI

　　蔡耀辉，1963年出生于福建厦门。兰琴古厝修缮人及厝主，鸿山书院创院理事。现任厦门市汽车维修协会副会长，厦门中山路商会副会长，厦门鸿山慈善会副会长，厦门辉达汽车修配有限公司、兰琴古厝文化传播有限公司董事长。

　　蔡耀辉致力于闽南古厝的保护、利用及民俗物件的研究，花费10余年修缮厦门两处清代闽南古厝及民国番仔楼，是海峡两岸古厝保护的倡议者和发起人之一，著有《兰琴古厝》等闽南古建读物。

　　20世纪90年代，《厦门日报》等多家媒体曾用大篇幅详细报道了蔡耀辉"复活"上百个古董时钟的事迹。作为古董时钟的"复活者"，蔡耀辉开始在厦门收藏界为人所熟知。

　　2006年，蔡耀辉先生从抗日志士翁俊明后人手中购得始建于清嘉庆年间的三进五开间闽南特色古大厝——兰琴古厝，用10余年时间修缮古厝，让这一历史建筑重新绽放光彩，变身厦门首家"可以住的博物馆"。2021年，蔡耀辉修缮的兰琴古厝被厦门市政府认定为"厦门市历史风貌建筑"，登上厦门经济特区改革开放40周年城市形象片封面，成为厦门展示海峡两岸文缘、传播闽南文化的特色地标之一。

　　2016年，在成功修缮兰琴古厝后，蔡耀辉又启动了民国南洋风格"番仔楼"的修缮工作。依托"番仔楼"古建筑，蔡耀辉打造"海丝展厅"，将他收藏的古董时钟、西洋家居、西洋杂件等展出，供大家交流品鉴。

寿山石罗汉　　尺寸：7cm×7cm×5cm

寿山石观音　　尺寸：15cm×11cm×7cm

寿山石寿星　　尺寸：16cm×8cm×7cm

剔红如意　尺寸：41cm×11cm×7cm

剔彩蒜头瓶　尺寸：49cm×28cm×28cm

红珊瑚树　尺寸：60cm×26cm×20cm

兰琴古厝

兰琴古厝

廖木森
LIAO MUSEN

廖木森，第九届湖里区政协委员，民进湖里区基层委副主委，湖里区工商联副会长，中国香文化传播人物，闽南师范大学香文化研究所所长，厦门大学嘉庚学院客座导师，福建省沉香协会常务副会长，沉香鉴定专家库成员，福建省收藏家协会厦门沉香馆馆长，厦门文化创意产业协会副理事长。

廖木森先生出生于沉香世家，已有16年的沉香从业经历。他创立的木之森公司专注于沉香佛珠、摆件、原材、香薰等沉香全品类的销售，连续13年在互联网沉香行业销量遥遥领先。

2018年，廖木森开设"木之森香学堂"，为传统香文化的传播和普及搭建平台。学堂开办以来，开展香修体验、香修课程、香事雅集等近1000场。2019年设立"木之森沉香博物馆"，将其父辈以来收藏的珍贵沉香原材、雕件、香道具、非遗制香流程等一一呈现，成为沉香的科普站。2021年联合闽南师范大学文学院共同设立"香文化研究所"，成为福建省首个在高校设立的香文化研究所；2021年与厦门大学新闻传播学院设立"木之森奖学金"，将传统香文化与国内一流高校新闻传播专业相结合，为香文化的传播和复兴夯实基础。

吉祥福禄寿　马来西亚　　尺寸：70cm×32cm×25cm

局部图

如意站观音　越南芽庄白奇楠　尺寸：49cm×23cm×7cm

局部图（一）

局部图（二）

越南芽庄绿棋楠珠串　　尺寸：直径0.8cm，108颗　39g

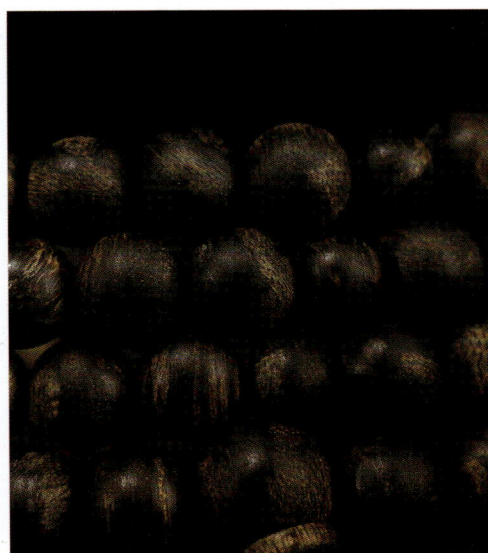

局部图

中国海南绿棋楠珠串　　尺寸：直径1.5cm，14颗　28.9g

局部图

魏文枢
WEI WENSHU

　　魏文枢，籍贯福建泉州。现任泉州市金利来房地产开发有限公司董事长，福建省泉州市政协委员，泉州市鲤城区政协常委，泉州市鲤城区工商联副主席，民建泉州市鲤城区工委主委，民建泉州市委常委，福建省泉州市乒乓球协会荣誉副会长，福建省姓氏源流研究会魏氏委员会永远名誉会长，中华道商（泉州）协会副会长兼副秘书长，中国摄影家协会会员，中国收藏家协会红色收藏委员会会员，福建省收藏家协会红色收藏委员会顾问。

　　他的主要藏品为毛泽东像章，数量多达2000多枚。

江山茶杯

向日葵梅瓶

"热爱祖国"大碗

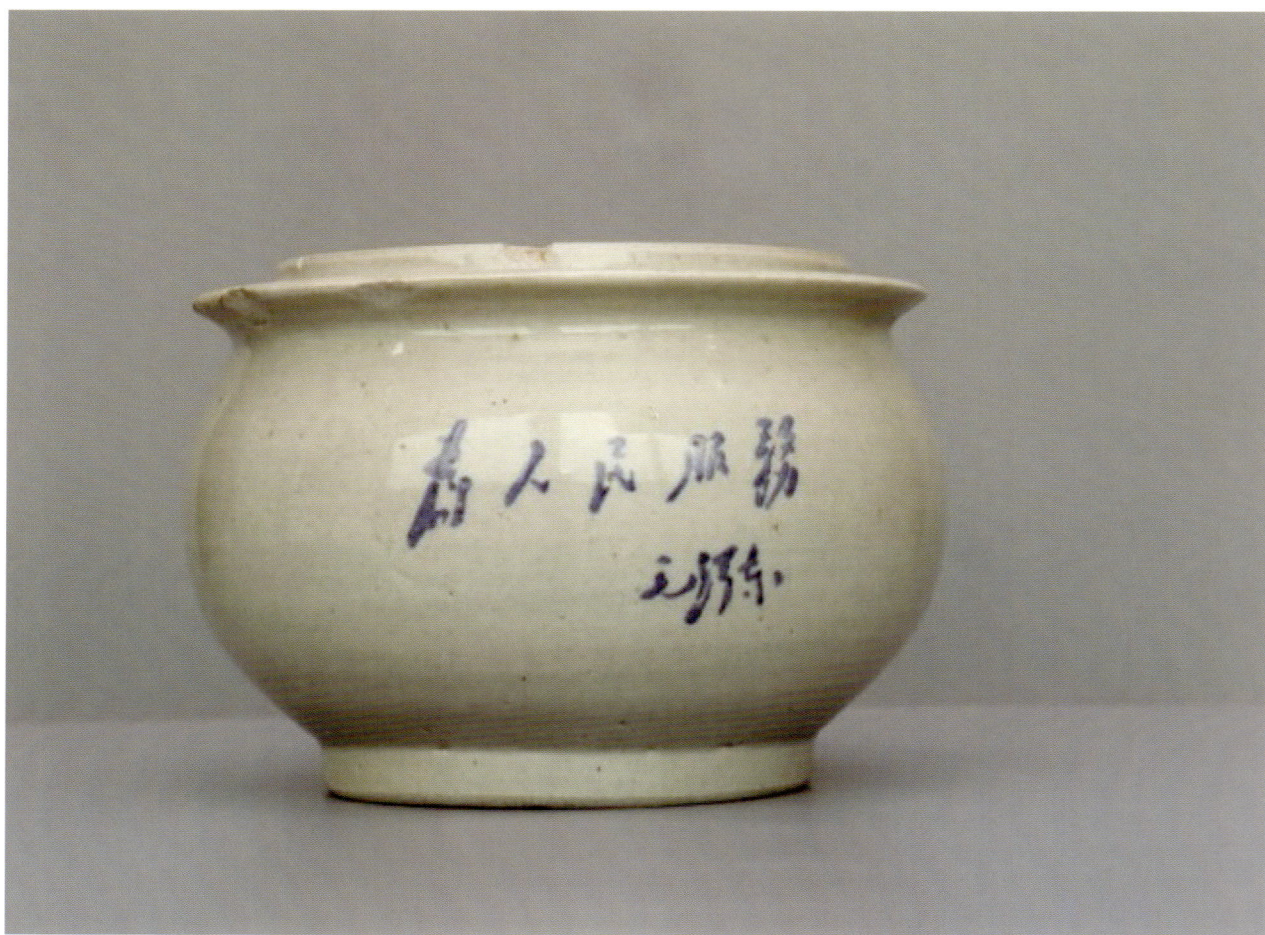

"为人民服务"陶罐

汝瓷天青釉"友谊"壶　　尺寸：23cm×61cm

"迎客松"茶杯

"友谊"毛巾　　尺寸：35cm×66cm

魏积泉
WEI JIQUAN

魏积泉，1952年出生于福建。1976年毕业于集美航海专科学院。现为国际盆景赏石协会中国区委员会副主席，中国风景园林学会花卉盆景赏石分会常务副理事长，中国盆景艺术家协会副会长，厦门盆景雅石研究会名誉会长，中国盆景艺术大师，厦门罗汉松盆景培植基地——华景园园主。

曾担任第七、八届中国盆景展览会评审委员，第九、十届中国盆景展览会评审专家组组长，2020年中国盆景精品展评审委员会主任，2018年昆明国际盆景展览会和2019年遵义国际盆景展会评审专家组组长，2019年首届中国盆景职业技能竞赛裁判长，2022年6月中国（厦门）国际花卉及公园园艺博览会盆景展览评审委员会主任等。

魏积泉从1990年开始收藏赏石，现有盆景、奇石精品200余件，雀舌和小叶罗汉松等盆景2000余株。2006年，其盆景在中国（陈村）国际盆景赏石博览会上荣获特别贡献奖；2007年，第六届中国国际园林花博会上，其代表作《寒宫舒袖》《金蛇狂舞》等荣获金奖；2009年，其真柏盆景《汉唐遗韵》荣获首届海峡两岸（厦门）盆景精品展特等金奖；2012年第八届中国盆景展，其朴树盆景《古朴生辉》获金奖；2013年世界盆景友好联盟大会中国盆景精品展，其榕树盆景《云横长天》获中华瑰宝奖；2019年北京世博会，其黑松盆景《祥云飞渡》获金奖。

汉唐遗韵　真柏　尺寸：118cm×160cm

金蛇狂舞　榕树　尺寸：106cm×143cm

思绪万千　兰心木　　尺寸：80cm×132cm

云横长天　榕树　　尺寸：80cm×160cm

蛟龙探海　九里香　尺寸：45cm×68cm

汉唐遗韵　真柏　尺寸：118cm×160cm

图书在版编目（ＣＩＰ）数据

闽南收藏名家 / 闽南收藏名家编委会编. -- 杭州 ：
西泠印社出版社，2023.10
ISBN 978-7-5508-4273-1

Ⅰ．①闽… Ⅱ．①闽… Ⅲ．①收藏－福建－图集
Ⅳ．①G262-64

中国国家版本馆CIP数据核字(2023)第181104号

闽南收藏名家

《闽南收藏名家》编委会 　编

责任编辑　伍　佳
责任出版　冯斌强
责任校对　应俏婷
装帧设计　叶德陆　廖周华
出版发行　西泠印社出版社
（杭州市西湖文化广场32号5楼　邮政编码　310014）
经　　销　全国新华书店
制　　版　厦门金百汇印刷有限公司
印　　刷　厦门金百汇印刷有限公司
开　　本　787mm×1092mm　1／8
印　　张　56
印　　数　0001—2000
书　　号　ISBN 978-7-5508-4273-1
版　　次　2023年10月第1版　第1次印刷
定　　价　568.00元

西泠印社出版社发行部联系方式：（0571）87243079